rga.Buchverlag

Herzenssache

NEUE BERGISCHE KÜCHE

IMPRESSUM:

Susanne Birkner / Silke Kammann
Herzenssache
Neue Bergische Küche
ISBN: 3-923495-80-3

RGA – Buchverlag
J.F. Ziegler KG Druckerei und Verlag
Konrad-Adenauer-Straße 2-4
42853 Remscheid
0 21 91 90 92 62
www.rga-buchverlag.de
buchverlag@rga-online.de

Fotografie:
Silke Kammann, Wuppertal
www.fotografie-Kammann.de

Text und Redaktion:
Susanne Birkner, Wuppertal
www.sub-text.de

Layout und Druckvorstufe:
Hanswerner Budt, Wuppertal
www.hansundholger.de

Druck:
fgb Freiburger Grafische Betriebe, Freiburg
www.fgb.de

Sie möchten mehr über das Buch wissen oder haben eine Anregung:
WWW.BERGISCHES-KOCHBUCH.DE

Herzenssache
NEUE BERGISCHE KÜCHE

Inhalt

ZWISCHEN HIMMEL UND ERDE IST VIEL PLATZ!

Dass die Menschen im Bergischen Land aufgrund ihrer kräftezehrenden Arbeit eine reichhaltige Nahrung benötigen und sich entsprechend „deftig" ernähren müssten, das gehört der Vergangenheit an. Und die Bewohner der Region sind in Bezug auf ihre Ernährung auch schon lange nicht mehr davon abhängig, was der eigene Boden hervorbringt – wobei die hervorragenden Produkte des Bergischen Landes es eigentlich erübrigen würden, „in die Ferne zu schweifen". Aber es findet sich hier – wie natürlich überall in Deutschland – ein vielfältiges Angebot an internationalen Speisen, fremden Spezialitäten und exotischen Produkten, die längst in die Küche Einzug erhalten haben. Die Lust auf Neues ist ein Grund dafür, dass regionale Produkte in den Hintergrund getreten sind. Aber: Wie geht man damit um?

Wie wäre es mit einer Mischung – es gibt schließlich viele Möglichkeiten, sich auf traditionelle Rezepte zu besinnen, ohne internationale Interessen zu negieren. Eine Gewissensfrage vielleicht – für uns aber auf jeden Fall: eine Herzenssache.

Unser Kochbuch gibt Ihnen einen ganz persönlichen Einblick in eine neue bergische Küche: 16 Top-Köche der Region verweisen auf ihre eigene Interpretation der regionalen Küche – ihre professionelle, moderne Küche in einer traditionsreichen Region. Und weil ein Kochbuch auch ein Buch über Köche ist, erfahren Sie nicht nur von ihren Rezepten, sondern auch etwas über sie selbst.

EINE REICHE REGION ...

Der natürliche Reichtum des bergischen Landes bringt Nahrhaftes hervor: Blutwurst und Apfelkompott, milchsauer-vergorene Schnibbelbohnen, Kottenbutter, dicke Bohnen mit Speck, Panhas oder Pillekuchen sind echte Klassiker der bergischen Speisekarte. Und nicht zu vergessen: die bergische Kaffeetafel, die aus einem Kaffeetrinken ein sehr sättigendes Ereignis macht. Aber nicht alles wiegt schwer: Die Kartoffel und viel, viel Gemüse sind weitere Schwerpunkte der regionalen Küche. Der Rübstiel ist übrigens ein sehr gutes Beispiel für die Besinnung auf das Traditionelle, wurde er in den letzten Jahren geradezu wiederentdeckt.

Geschickt kombiniert, lassen sich mit einzelnen traditionellen Zutaten ganz neue originelle Gerichte kreieren: Blutwurst als Füllung für Ravioli, bergische Bohnen – mal ohne Speck – als Beilage zu leichten Fischgerichten, Pumpernickel verarbeitet in Parfaits und Krusten, die Kartoffel kombiniert mit raffinierten Gewürzen, um nur einen kleinen Vorgeschmack auf das zu geben, was unsere Köche für dieses Kochbuch zusammengestellt haben.

Vorwort

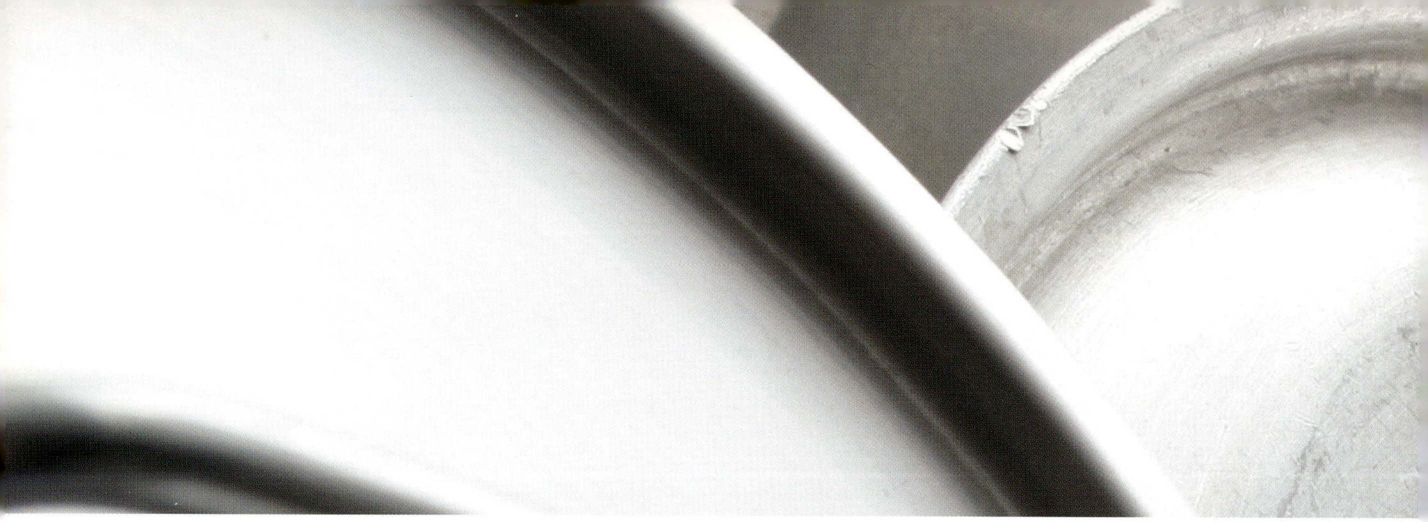

AUF JEDEN KOCH PASST EIN DECKEL ...

Was wir von unseren 16 Köchen gelernt haben, ist vor allem: Dieser Beruf ist spannend! Man erhält beinahe den Eindruck, dass Köche ein bisschen verrückt sein müssen – aber sieht man dann den Eifer, mit dem sie die unmöglichsten Arbeitszeiten und Anspannungen ertragen, und mit welchem Glanz in den Augen sie von ihrem Beruf erzählen, erkennt man: Das ist echte Leidenschaft!

Die strenge Ausbildung zum Koch ist für den jungen Menschen die erste Bewährungsprobe: Der Lehrling wird bereits früh an viel Stress und viel Arbeit gewöhnt und legt sich bald sein „dickes Fell" zu. Das sei eine gute Vorbereitung für eine eigene Selbständigkeit, heißt es da einvernehmlich in unseren bergischen Küchen. Ein wichtiger Bestandteil für die weitere Entwicklung des Koches ist die Wanderschaft. So ziehen viele Köche in ferne Regionen und ferne Länder – und kehren zurück. Im Koffer: viele Eindrücke aus anderen Kulturen, viele Tricks aus großen Küchen, viel Neues für den dagebliebenen Esser. Dann lassen sie sich nieder, kochen nach ihrer eigenen Façon und bereichern die Region mit neuer Vielfalt. Jeder für sich ist einzigartig.

Es wundert nicht, dass die meisten unserer Köche im Familienverbund arbeiten: Ihre Frauen im Restaurant, ihre Mütter im Service, ihre Brüder in der Verwaltung, ihre Schwiegerväter als „Hausmeister", ihre Väter mit in der Küche – vielleicht könnten Köche ohne die Unterstützung ihrer Familie gar nicht das sein, was sie sind ...

DAS ANSPRUCHSVOLLSTE IST DER GAST ...

Bei aller Liebe zu den Produkten, die sich schon in deren sorgfältiger Auswahl ausdrückt, bei aller Liebe zur Kunst am Kochen, die längst über der reinen Nahrungszubereitung steht, bei aller Liebe also zu der Möglichkeit zur Entfaltung in ihrem Beruf: Das Wichtigste für den Koch ist sein Gast. Denn der ist es, von dessen Urteil er abhängig ist und auf dessen Beifall er hinarbeitet.

Und der Gast ist anspruchsvoll: In die Restaurants dieses Kochbuches kommt er sicher nicht, weil er nur hungrig ist. Nein, er möchte eine schöne Zeit verbringen – und vor allem möchte er genießen. Er hat bestimmte Vorstellungen und Vorlieben, auf die sich unsere Köche gerne einlassen – auch wenn sie vielleicht nicht alle Wünsche erfüllen können. Aber allen Köchen liegt besonders eines am Herzen: die Erwartungen des Gastes noch zu übertreffen und ihn zu überraschen. Sonst könnte der ja auch irgendwo anders hingehen ...

Seien Sie also unser Gast: Lassen Sie sich überraschen und schauen Sie in die Kochtöpfe unserer ausgesuchten Köche hinein. Sie alle machen auf schönste Weise deutlich, was es heißt, sich in die Region zu integrieren, sich mit ihr zu identifizieren und ihre Küche zu interpretieren. Diese Köche zeigen: Himmel und Erde liegen im Bergischen immer noch besonders nahe beieinander – aber die ganze Welt hat dazwischen Platz.

DAS BERGISCHE VERBINDET

Asiatisch, französisch oder auch mediterran: Jedes einzeln für sich oder selbst die Kombination daraus wäre für Günter Allmann nicht ausreichend. Das Regionale ist die Klammer, mit der er die Besonderheiten verschiedenster internationaler Küchen verbindet. In der Auswahl der Produkte, die er in seiner kreativen Küche verarbeitet, ist er geradezu qualitätsbesessen – sowie in der Art ihrer Zubereitung: Der Gast des Ballebäuschens ist einen hohen Standard und eine immer gleich bleibende Qualität der Kreationen des „pingeligen" Koches gewohnt, und er schätzt seine „unruhige Kreativität", die sich nicht zuletzt im regelmäßigen Wechsel der Speisekarte ausdrückt.

Mit seiner modenen Regionalküche hat sich Günter Allmann in die Herzen seiner Gäste gekocht: Vor 19 Jahren zogen Günter und Marlies Allmann von Köln aus ins Oberbergische, um sich selbständig zu machen. Der ambitionierte Koch musste jedoch damals „ein paar Gänge zurückschalten", erinnert er sich heute, denn von dem zugereisten Gastronomenpaar wurde im Dorf zunächst kulinarisch Bodenständiges erwartet – und nicht die damals zwar aktuelle, aber noch fremde Nouvelle Cuisine, die Allmann dort einführte. Heute kommen die Gäste schließlich sogar von weit her ins kleine Hespert, um sich von der bergischen Gastlichkeit der Allmanns verwöhnen zu lassen – in der richtigen Mischung aus Daheim und Urlaub.

FRISCHKÄSE VON DER BERGISCHEN MILCHZIEGE

SERVIERT IN KARAMELLISIERTER BIRNE, MIT DÖRRPFLAUMEN, SPECK, GERÖSTETEN NÜSSEN, FRÜCHTEBROT, PREISELBEEREN UND EINER BIRNEN-HONIG-ESSIG-JUS

Zutaten für 4 Personen

250 g trockener Ziegenfrischkäse
100 g trockener Kuhfrischkäse
3 gestrichene EL Reichhofer Wald- und Blütenhonig
10 Zweige Thymian (4 Zweige zur Garnitur, 6 Zweige gezupft und gehackt)
250 ml junge edelsüße Riesling-Auslese
5 ml bergischer Birnenbrand
50 g Macadamianüsse, gemörsert und geröstet
1 kleine rohe Kartoffel (Cilena), in feinen Scheiben, trockengetupft
150 g selbst eingekochte Preiselbeeren, oder Glasware mit etwas Portwein zur Soßenkonsistenz gerührt
8 große Birnen mit Stiel, z.B. italienische Santa Maria
200 g Kristallzucker
12 Dörrpflaumen
6 Scheiben mild gesalzener durchwachsener Speck
1/2 Früchtebrot auf Honiglebkuchen-Basis
1,5 EL Gelierzucker 1 : 1
2-3 EL Birnenmostessig aus ganzen Birnen
Salz, Pfeffer und etwas Butter
12 Zahnstocher

Den Ziegenfrischkäse und den Kuhkäse in einer Küchenmaschine aufschlagen, mit einem Esslöffel Honig, dem gehackten Thymian, mit der Hälfte der gerösteten Nüsse, einer Prise Salz und etwas gemahlenem Pfeffer abschmecken.

Die Kartoffelscheiben bei 70°C hellbraun frittieren. 4 der Thymianzweige in einer kleinen Pfanne mit etwas Sonnenblumenöl knusprig backen, beide Teile auf Küchenkrepp abfetten.

6 der Birnen schälen, entkernen und in kleine Würfel schneiden. Mit dem Wein, dem Birnenbrand und dem Gelierzucker bei geschlossenem Topfdeckel garen. Anschließend das etwas abgekühlte Birnenkompott im Mixer pürieren, durch ein Sieb streichen und mit einer kleinen Prise Salz, dem restlichen Honig und dem Birnenessig in ein ausgewogenes Süß-Säure-Verhältnis bringen.

Die restlichen 2 Birnen schälen und so halbieren, dass an jeder Hälfte ein halber Stengel stehen bleibt. Die Birnenhälften entkernen und an der verbliebenen runden Seite eine dünne Scheibe abschneiden, damit die Birnenhälfte Stand hat und nicht über den Teller rutscht. Eine beschichtete Pfanne mit dem Zucker ausstreuen und die Birnenhälften bei mittlerer Hitze karamellisieren.

Ziegenfrischkäse

Einen Teller mit etwas Butter abpinseln und die Birnen mit der Öffnung nach oben daraufsetzen und abkühlen lassen.

Die Speckscheiben halbieren, die Pflaumen damit einwickeln und den Speck mit Zahnstochern fixieren. Die Dörrpflaumen bei mittlerer Hitze mit etwas Sonnenblumenöl knusprig garen, vorsichtig die Zahnstocher ziehen, damit der Speck nicht abreißt.

Die Birne in der Mitte eines Tellers platzieren, je 3 Dörrpflaumen anlegen, mit Hilfe eines Spritzbeutels den Ziegenfrischkäse aufbringen, mit der Birnenjus und den Preiselbeeren umgießen, mit den restlichen Nüssen bestreuen und mit einer Kartoffelscheibe und dem Thymianzweig garnieren. Dazu etwas Früchtebrot anlegen.

HIMMEL UND ERDE AUF ANDERE ART

Tipp: *Dieses Gericht besteht aus vielen kleinen Schritten. Sie können einige davon einen Tag zuvor vorbereiten und kurz vor dem Anrichten erwärmen.*

Himmel und Erde
Blutwurst knusprig braten und warm stellen. Die Äpfel schälen, oben und unten abschneiden, mit einem Apfelausstecher entkernen und in drei gleich große Scheiben schneiden. Die Apfelscheiben in einer Teflonpfanne mit Zucker und Butter hellbraun braten und warm stellen.

Für die Rübenkraut-Senfsoße Kalbsjus auf 200 ml einkochen lassen, Rübenkraut und Senf zugeben, abschmecken und mit einigen kalten Butterflocken binden.

Für das Glacé Kalbsjus auf die Hälfte einkochen lassen, Auslese dazugeben und erneut auf die Hälfte einkochen lassen, mit dem Sherry und etwas schwarzem Pfeffer abschmecken. Die Lavendelblüten zugeben und kurz ziehen lassen. Soße passieren und mit Butterflocken binden.

Zutaten für 4 Personen

Himmel und Erde
12 Scheiben Stangenblutwurst
2 EL Mehl
Öl zum Braten
4 große Cox Orange
100 g weiche Butter
80 g Kristallzucker

Rübenkraut-Senfsoße
500 ml Kalbsjus
2 EL Rübenkraut
2 EL mittelscharfer grober Senf
Butterflocken
Salz

Glacé von edelsüßer Auslese und Lavendelblüten
400 ml Kalbsjus
200 ml ältere edelsüße Riesling - Auslese
1 TL getrocknete Lavendelblüten
4 ml alten Sherry
schwarzer Pfeffer
Butterflocken

Geröstetes Kartoffelbrot
6 Scheiben Kartoffelbrot
etwas Butter

Petersilienwurzel-Kartoffelpüree
450 g Kartoffeln, gekocht
150 g Petersilienwurzel
1 EL Butter
geriebene Muskatnuss
Salz, Pfeffer

Petersilienmöhrchen
20 kleine Fingermöhrchen
Gemüsebrühe
Sahne
Zucker
gehackte Petersilie
Butter
Salz, Pfeffer

Essig-Perlzwiebeln
40 kleine Perlzwiebeln, geschält
120 g Zucker
300 ml entfettete Kalbs- oder Rinderbrühe
1 Lorbeerblatt
weißer Balsamico oder guter Weißweinessig
Salz, Pfeffer

Das Kartoffelbrot toasten und noch warm mit Butter bestreichen oder in einer Eisenpfanne mit etwas Butter rösten. Kartoffelbrot in 12 Ecken schneiden bzw. 12 runde Plätzchen ausstechen.

Für das Püree Petersilienwurzel schälen, in kleine Würfel schneiden, mit etwas Brühe, Salz und Pfeffer garen, pürieren und durch ein Sieb streichen. Kartoffeln stampfen, mit dem Petersilienpüree mischen, die Butter unterheben und mit Muskatnuss abschmecken. Püree in einen Spritzbeutel mit Plastiktülle füllen und später noch mal kurz in der Mikrowelle erwärmen.

Petersilienmöhrchen
Fingermöhrchen mit Grün kurz geschnitten zurechtschnitzen, im Gemüsefond mit etwas Butter knapp bedeckt mit Biss garen. Möhrchen aus dem Fond nehmen und den Möhrenfond mit flüssiger Sahne sämig einkochen lassen. Mit den Gewürzen nachschmecken. Kurz vor dem Servieren die kleinen Karotten und die fein gehackte Petersilie zugeben und nochmals erwärmen.

Für die Essig-Perlzwiebeln in einer Teflonpfanne die Perlzwiebeln mit dem Zucker hellbraun karamellisieren, mit den Gewürzen abschmecken, mit einem guten Spritzer Essig ablöschen und mit Brühe knapp bedeckt garen.

Für die Garnitur die Lauchzwiebeln mit der Gemüsebrühe und der Butter, Salz und Pfeffer glasig garen. Die Zwiebeln in etwas Speiseöl und Butter braun braten und würzen.

Die Gänseleber von Häuten und Sehnen befreien, in etwas Mehl abpudern und in einer Teflonpfanne rosa braten. Mit Salz und Pfeffer würzen.

Alle Soßen und Zutaten nochmals erwärmen. Rübenkraut-Senfsoße in die Mitte des Tellers geben, darauf abwechselnd die gebratenen Blutwurst- und Apfelscheiben aufeinandersetzen, 5 Kleckse Püree an den Rand der Rübenkrautsoße spritzen, je 3 Kartoffelbrotcroutons in gefälligem Abstand um die Soße setzen. Darauf die gebratene Leber setzen. In die Zwischenräume des Brotes je 3 Perlzwiebeln mit einem Löffelchen Essigsoße geben. Auf das Püree ein Möhrchen mit dem Grün nach außen platzieren. Die Leber mit etwas Glacé angießen und die Blutwurst mit gebratenen Zwiebeln und glaciertem Zwiebellauch garnieren.

Garnitur

4 Knollen Lauchzwiebeln, kurz geschnitten
etwas Gemüsebrühe
etwas Butter
8 kleine Zwiebeln, in feine Streifen geschnitten
Speiseöl
Salz, Pfeffer

Gänsebratleber

400 g Gänseleber oder Kaninchenleber
Mehl
Salz, Pfeffer

BERGISCHE SCHMANDTORTE

NACH DEM REZEPT AUS DEM HAUSHALT EINER BERGISCHEN INDUSTRIELLENFAMILIE. MIT VANILLERAHM, BROMBEERSOSSE, MARINIERTEN BROMBEEREN UND BROMBEERRAHMEIS

Zutaten für 4 Personen

Für den Teig
200 g Butter
400 g Zucker
4 Eier
600 g Mehl

Für die Füllung
500 g Schmand
1 kg Crème fraiche
Sahnesteif
1 großes Glas selbst gemachtes Brombeergelee

Vanillesoße
500 ml Sahne
Mark von 1 Vanillestange
60 g Zucker
2 Eier

Butter, Zucker und Eier schaumig schlagen, das gesiebte Mehl unterheben und kneten, bis ein fester Teig entsteht. Den Teig in Folie einschlagen und ca. 1 Stunde kühl stellen. Dann den Teig ausrollen und 4 Teigböden mit Hilfe eines 26er Ringes bei 190 bis 200°C ca. 8 bis 10 Minuten backen und auskühlen lassen.

Tipp: Stechen Sie den Teigboden vor dem Backen mehrfach mit einer Gabel ein, damit der Boden keine Spannung hat und flach bleibt.

Schmand und Crème fraiche mit Sahnesteif fest aufschlagen. Für 2 Stunden kühl stellen.

Den ersten Teigboden in 26er Ring einlegen, mit etwas Sahnesteif abpudern, mit Gelee und Schmandmasse einstreichen. Den nächsten Boden einlegen und das Verfahren wiederholen, bis alle Böden verbraucht sind. Mit Schmandmasse abschließen. Gut in Folie einschlagen und 3 Tage durchziehen lassen.

400 ml Sahne, das Vanillemark und den Zucker aufkochen lassen. Die Eier mit der restlichen Sahne aufschlagen und unter ständigem Rühren in die Vanillesahne geben. Wenn die Masse anfängt, cremig zu werden, vom Herd nehmen und sofort passieren.

Schmandtorte

Brombeersoße
300 ml Brombeersaft
Zitrone
150 g Brombeergelee
5 ml Brombeerlikör

Marinierte Brombeeren
200 g Brombeeren
Saft von 1 Zitrone
2 ELZucker
5 ml Brombeerlikör

Brombeerrahmeis
400 ml Sahne
125 ml Milch
1 Vanillestange
12 Eigelb
80 g Zucker
5 ml Brombeerlikör
1/2 Glas Brombeergelee

Brombeersaft zusammen mit einem Spritzer Zitrone, Brombeergelee und Brombeerlikör aufkochen und anschließend durchkühlen. Wenn vorhanden, noch etwas Brombeerpüree zugeben.

Brombeeren vorsichtig waschen und auf Küchenkrepp zum Trocknen legen. Mit Zitronensaft, Zucker und Brombeerlikör eine Marinade rühren, bis der Zucker aufgelöst ist. Brombeeren damit marinieren.

Sahne, Milch und das Vanillemark aufkochen lassen. Eigelb und Zucker in einer separaten Schüssel schaumig schlagen und die fast noch heiße Sahne-Milchmasse langsam unter die Eiermasse heben. Die Eier-Sahnemasse erwärmen, bis sie cremig wird. Sofort vom Herd nehmen und durchsieben. In die heiße Creme das Gelee und den Likör geben. Masse in der Eismaschine gefrieren lassen – oder unter ständigem Rühren in der Tiefkühltruhe gefrieren lassen.

Die Torte aus dem Ring lösen, in 16 Stücke teilen, mit aufgeschlagener Crème fraiche, kleinem Schokoladenspitz und Pistaziengries garnieren. Einen äußeren Ring aus Vanillesoße und Brombeersoße gießen, Soßen verziehen und die marinierten Brombeeren anlegen. Ein Stück Torte in die Mitte des Tellers setzen, daneben das Eis platzieren und mit Mandelblättern garnieren.

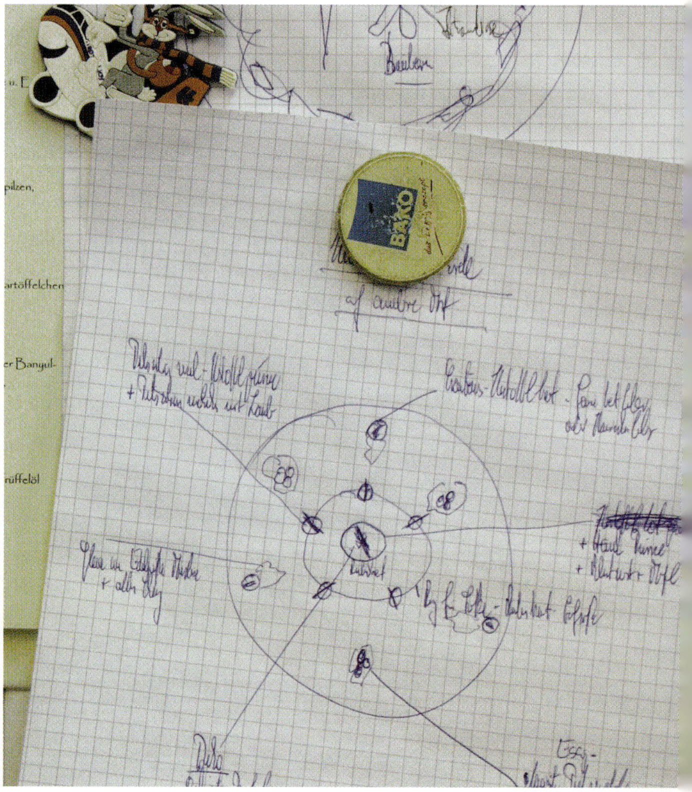
BÄKO

Kartoffeleimer

palette

EIN GASTLICHES GESPANN

Sie haben sich gesucht und gefunden: Für Ernst Brusberg entspricht die Palette seinen Vorstellungen von Gastronomie, und mit Patron Marcel Thomas ist sich der Küchenchef völlig einig: Es geht um Gastlichkeit, Gemütlichkeit und einen guten Abend! Sie würden am liebsten das Essen zwar „à la minute", aber nicht unbedingt „pünktlich" auf den Teller bringen, denn sie möchten ihren Gästen einen schönen Aufenthalt bereiten, der frei von Eile und geprägt von Geselligkeit ist. Das muss wohl erst wieder gelernt werden, und manch einer wartet doch ein bisschen mit Ungeduld, statt sich einfach die Zeit zu vertreiben und genau das zu genießen. Marcel Thomas bedauert es sehr, wenn Gäste auf ihre Verabredung vor der Tür warten, statt bei ihm an der Theke. Und dabei könnte man dort wirklich Stunden bei gutem Wein und Prosecco verbringen, bevor man schließlich zum exzellenten Mahle im ausgesuchten Ambiente Platz nimmt.

Es ist alles so heimelig-sympathisch in der Palette, und es herrscht ein angenehmes humorvolles Klima. So auch in der Küche. Ernst Brusberg ist eine imposante Erscheinung, seine Größe zwingt ihn manchmal zu unkonventionellen Methoden, um sich seine Arbeitsfläche rückengerecht näher zu bringen. Er wirkt aber strenger, als er zu sein scheint, denn er kann über vieles schmunzeln und herzhaft lachen. Man kann sich sehr gut vorstellen, dass er die Butterbrote seiner kleinen Tochter in Herzform aussticht! Damit seine Kinder auch was Anständiges zu essen bekommen, hat er übrigens eine Köchin geheiratet, behauptet er, denn er kocht zu Hause nur noch selten, weil „dort immer etwas fehlt". Das wäre vielleicht sogar so, wenn er immer das Gleiche kochen würde, denn er liebt Rezepte nicht und verweist auf die Tagesform, von der ein Koch auch ein bisschen abhängig ist. Gerne lässt er sich von Bildern statt von Rezepten inspirieren und bevorzugt Ungewöhnliches.

Er sieht die Palette als „Kneipe mit gutem Essen" – er will weder die Küche noch den Service hervorheben, denn das Gesamtbild soll stimmen. Ganz früher, zu Adolf Röders Zeiten, ging es in der Palette bekanntlich ausschließlich um das Treffen von kreativen Geistern. Ein bisschen ist davon übrig geblieben – das exzellente Essen ist hinzugekommen.

Ernst Brusberg

KALBSTAFELSPITZ IN LINSENVINAIGRETTE

MIT KLEINEM SAUERKRAUTKÜCHLEIN

Den Tafelspitz zusammen mit dem Gemüse und den Gewürzen kochen, je nach Größe 1 bis 2 Stunden. Der Garpunkt ist erreicht, wenn er von der Gabel rutscht. Danach auskühlen lassen.

Tipp: *Das kann auch bereits am Vortag geschehen.*

Für die Sauerkrautküchlein das Mehl mit der weichen Butter, Zucker und Salz mit den Händen krümelig zerreiben. Das Ei und nach und nach das Wasser hinzugeben und einen festen Teig kneten – er kann ruhig noch kleine Butterklümpchen haben, dadurch wird er beim Backen noch mürber. Den Teig in Folie einpacken und 1 Stunde ruhen lassen. Den Teig ausrollen und kleine Förmchen damit auslegen (der Teig reicht für ca. 20 Förmchen von 4 cm Durchmesser).

In einer Schüssel Eigelb und Sahne mischen, das Sauerkraut hinzugeben. Die Sauerkrautmasse in die Förmchen füllen und bei 185°C ca. 20 Minuten backen.

Tipp: *Beim Erwärmen des Sauerkrautes Kümmel, Lorbeer und Pfefferkörner in ein Tuch gewickelt mit zugeben (wie einen Teebeutel).*

Zutaten für 6 Personen

Tafelspitz
1 Kalbstafelspitz ca. 600-880 g
1 Bund Suppengemüse
Lorbeerblatt
Salz, Pfefferkörner

Sauerkrautküchlein
10 EL gekochtes ausgedrücktes Sauerkraut
2 EL Sahne
2 Eigelb

Für den Mürbeteig
600 g Mehl
300 g Butter
40 g Puderzucker
1,5 TL Salz
1 Vollei
10 EL Wasser
etwas Butter
etwas Mehl für die Förmchen

Tafelspitz

Für die Linsenvinaigrette die Linsen in Essig und Brühe ca. 20 Minuten bissfest kochen, abschütten und den Kochsud auffangen. Die Schalotte in etwas Olivenöl glasig dünsten, mit Linsensud auffüllen und auf ca. 150 ml einkochen. Dann mit dem Olivenöl zu einer Vinaigrette aufmontieren und die gekochten Linsen zugeben.

Tipp: Wenn Sie verschiedene Sorten Linsen verwenden, ist es wichtig, dass Sie alle Sorten einzeln kochen, da sie unterschiedliche Garzeiten haben.

Den Tafelspitz dünn aufschneiden und kreisförmig auf dem Teller anrichten, mit Pfeffer und Fleur de sel würzen. In die Mitte etwas Salat geben und in das Salatnest das Küchlein stellen.

Linsenvinaigrette
6 EL Linsen, schön sind verschiedene Sorten
150 ml Balsamico, hell oder dunkel, je nach Farbe der Linsen
300 ml Brühe, am besten vom Tafelspitz
1 Schalotte, in kleine Würfel geschnitten
150 ml Olivenöl
etwas Salz

Zum Anrichten
Salat
Pfeffer aus der Mühle
Fleur de sel

SAIBLINGFILETS

MIT KARTOFFELKÄSEPÜREE, GEBRATENEM FENCHEL UND SCHNECKENBUTTER

Zutaten für 6 Personen

Saiblingfilets
4 Bachsaiblinge
etwas Mehl
etwas Öl zum Braten

Kartoffelkäsepüree
1,3 kg Kartoffeln (mehlig kochend)
175 ml Milch
5 EL Crème fraiche
90 g Speck, gewürfelt
2 Knoblauchzehen
450 g Bergkäse, alternativ Emmentaler oder Greyerzer, in Streifen geschnitten

Den Saibling filetieren, von Gräten befreien, die Filets mehlieren und in der Pfanne braten. Den Fisch pro cm-Fischdicke für 2 Minuten auf jeder Seite braten.

Für das Kartoffelkäsepüree die Kartoffeln schälen, mit dem Knoblauch kochen, gut abdämpfen. Wenn die Kartoffeln weich gekocht sind, pressen und die aufgekochte und abgeseihte Milch und die Crème fraiche hinzufügen. Den Käse unter das Püree heben. Den Speck auslassen und nur das Fett – nicht die Speckwürfel – unter das Püree geben. Das Püree ist fertig, wenn es Fäden zieht.

Tipp: *Stellen Sie das Püree auf ein Wasserbad, dann schmilzt der Käse und das Püree bleibt warm.*

Tipp: *Der Käse darf gröber sein, damit kleine Käsenester entstehen können. Den Speck scharf anbraten, damit das Öl möglichst viel Geschmack annimmt.*

Saibling

Fenchel
3 Fenchelknollen
etwas Salz
etwas Fencheltee
etwas Öl zum Braten

Schneckenbutter
100 g Butter
3 EL Petersilie, gehackt
1 Schalotte, in Brunoise geschnitten
1 Knoblauchzehe, gehackt

Den Fenchel in Salzwasser kochen, dem Wasser etwas Fencheltee hinzufügen, denn dann behält der Fenchel mehr Geschmack. Den gekochten Fenchel auf ein Tuch geben, abtropfen lassen, sechsteln und die Fenchelkeile in Olivenöl anbraten.

Für die Schneckenbutter die Butter in eine Pfanne geben, Schalotte und Knoblauch dazugeben und glasig dünsten. Zum Schluss die Petersilie hinzugeben.

Fenchel und Saibling auf dem Teller anrichten und etwas Schneckenbutter dazugeben. Das Püree und die restliche Schneckenbutter separat anrichten.

STUTENAUFLAUF
MIT DÖRROBSTKOMPOTT UND JOGHURTEIS

Für den Stutenauflauf den Stuten entrinden und in Würfel schneiden, die Milch aufkochen und nach und nach über den Stuten geben – die Masse sollte immer feucht sein. Das Eigelb hinzufügen, die Masse abschmecken, das Eiweiß unterheben und in die gebutterten und gezuckerten Förmchen füllen. Im Wasserbad im Ofen 20 Minuten bei 180°C backen.

Für das Dörrobstkompott das Dörrobst und die Gewürze in eine Schüssel geben, mit dem Tee übergießen und über Nacht einweichen lassen. Das Obst abschütten und den Sud mit etwas Stärke abziehen. Das Obst dazugeben, warm werden lassen und das Kompott mit Zucker und Obstbrand abschmecken.

Für das Joghurteis alle Zutaten miteinander verrühren und in der Eismaschine gefrieren.

Tipp: *Wenn Sie keine Eismaschine zur Hand haben: Alles gut mit dem Pürierstab durchrühren und in den Gefrierschrank stellen. Alle 15 Minuten herausholen und erneut mit dem Pürierstab durchrühren. Diesen Vorgang mindestens 3 Mal wiederholen – je öfter, desto besser und desto feiner wird das Eis.*

Das Kompott in den Teller geben, den Auflauf dazugeben und mit Joghurteis vollenden. Mit etwas Puderzucker bestäuben.

Zutaten für 6 Personen

Stutenauflauf
100 g Stuten
100-150 ml Milch
2 Eigelb
2 Eiweiß, mit etwas Zucker steif geschlagen
etwas Vanillemark, abgeriebene Zitrone und Zucker zum Abschmecken
etwas Butter und Zucker für die Formen

Dörrobstkompott
200 g gemischtes Dörrobst
etwas Rooibosh oder schwarzer Tee
1 Stück Sternanis
1 Zimtstange
etwas angerührte Stärke
etwas Zucker und Obstbrand zum Abschmecken

Joghurteis
600 g Schafsjoghurt
160 g Zucker
100 ml Sahne
1 Prise Salz
abgeriebene Schale von 1 Zitrone
etwas Puderzucker

Stutenaulauf

68

6. bis 31. oktober 1963
gruppe rbk
galerie palette
uli - august 1960
6 englische
von der
de
entier
slawische maler
AIA galerie.
graphik
das rote bild
täglich ab 15 uhr
GALER
DE LA MA
gruppe rbk
galerie palette
kleine Bild

COOL

羅
Made in

Panasonic

„WER VIEL ARBEITET, DEN HABEN AUCH DIE LEUTE GERN …“

Das war der wertvolle Tipp seines Vaters, mit dem er ihn auf seinen Beruf vorbereitet hat: Tino Burk kannte schon als Sohn eines selbständigen Metzgers keine geregelten Abläufe oder ein „normales Leben“ – die beste Voraussetzung also, um einmal Küchenchef und Restaurantbesitzer zu werden. Die Selbständigkeit war immer sein Traum und so hat er sich aus seiner letzten Angestelltenposition als Küchenchef im Remscheider Hof heraus schließlich eigene Projekte auf den Leib geschrieben: Zusammen mit seinen Kompagnons Paul Clemens, Alexander Claas und Horst André Söhngen betreibt Tino Burk heute mehrere gastronomische Betriebe in Remscheid. Tendenz steigend.

Tino Burk hat eine gewisse Dynamik und ist der Typ „Macher“. Er redet so schnell, wie er Zwiebeln schneidet, und ist mit seinen Augen überall. In seiner Küche wird viel gescherzt und gelacht und es herrscht in der Hektik natürlich auch schon mal ein rauer Ton. So „tobt“ er sich aus in seiner Küche: Er liebt das Kreative, die Begeisterung und das positive Feedback von seinen Gästen – und dafür sorgt er eben ganz persönlich. Eine wesentliche Aufgabe sieht er darin, auf die Vorlieben des Publikums zu reagieren und sich auf neue Trends einzustellen, denn für ihn ist der „Publikumspreis“ die größte Motivation – und der wird in seinem Job direkt und unmittelbar vergeben.

Was aber für einen euphorischen Koch wie ihn unbedingt notwendig ist, sind ein gutes Team, ein gutes Verhältnis zu seinen Mitarbeitern und ein gutes Netzwerk. Die besten seiner Leute versucht Tino Burk durch Beteiligungen zu halten und nimmt ein partnerschaftliches Verhältnis zu ihnen auf – verständlich also, dass dem Gesellen Riccardo schon mal ein „Schatz“ statt „Chef“ herausrutscht …

Tino Burk

CREPINETTE VON DER WACHTELBRUST

MIT EIGENER SAUCE, MAISCREME MIT GLASIERTEN ÄPFELN

Zutaten für 4 Personen

Wachtel & Stopfleber
8 Wachtelbrüste
60 g Fleischbrät (vom Hauptgang abnehmen)
120 g Stopfleber
10 ml Portwein
10 ml Armagnac
1 Hand Blattspinat, geputzt
1 Schweinenetz
Butter
Salz, Pfeffer

Wachtel & Stopfleber
Den geputzten Blattspinat nur sehr kurz in kochendem Salzwasser blanchieren und in Eiswasser abschrecken, anschließend trockenlegen. Die Stopfleber von Sehnen und Adern befreien und in gleiche Stücke schneiden, mit den Alkoholika sowie Salz und Pfeffer ca. 1 Stunde marinieren. Die Stopfleberwürfel wie ein Päckchen in den Blattspinat einpacken, mit etwas Fleischbrät rundherum bestreichen und zwischen zwei gewürzte Wachtelbrüste legen.

Die gefüllte Wachtelbrüstchen nun ebenfalls wie ein Päckchen in etwas Schweinenetz (ca. 10 x 10 cm) einpacken. Die Crepinette für ca. 1/2 Stunde in den Kühlschrank stellen. In heißem Butterschmalz oder Pflanzenöl von allen Seiten scharf anbraten und ca. 6 Minuten bei 180°C im Ofen garen.

Wachtelbrust

Für die Maiscreme mit einem Messer die Körner vom frischen Mais lösen. In einem heißen Topf die Schalotte, Maiskörner und den Curry in Butter anschwitzen. Nun den Alkohol zugeben und sehr stark einkochen. Anschließend die Hühnerbrühe und Sahne hinzugeben und das Ganze noch mal bis auf die Hälfte reduzieren lassen. Dann in einem Mixer fein pürieren und durch ein Sieb geben. Mit Salz, Pfeffer und Zucker abschmecken

Für die glasierten Äpfel die Apfelviertel noch mal dritteln und fein tournieren (Form geben). Den Zucker in einem Topf leicht karamellisieren lassen, die Apfelstücke darin vorsichtig schwenken und mit dem Calvados ablöschen. Bei kleiner Hitze, bis die Äpfel fast gar sind, köcheln lassen. Die Äpfel herausnehmen und den übrig gebliebenen Fond mit der kalten Butter binden. Die Äpfel in den heißen Fond zurückgeben und anrichten.

Maiscreme
1 Maiskolben
100 g Maiskörner aus der Dose
1 Schalotte
60 g Butter
2 Msp. Curry
100 ml Martini Dry
200 ml Hühnerbrühe
200 ml Sahne
Zucker
Salz, Pfeffer

Glasierte Äpfel
2 Golden Delicious, geschält und geviertelt
40 ml Calvados
50 g brauner Zucker
30 g kalte Butter

Wachteljus

4 Wachtelkarkassen, fein gehackt (Knochengerippe)
1 Schalotte
30 g Lauch
20 g Möhren
10 g Sellerie
1 Zweig Thymian
Rosmarin
1 TL Tomatenmark
200 ml Rotwein
500 ml Grundsoße (wie unten beschrieben)

Wachteljus

Ansatz wie bei jeder „braunen" Grundsoße. Die Karkassen in heißem Fett von allen Seiten gut anrösten. Das Bratfett abgießen. Das gewaschene und gewürfelte Gemüse und das Tomatenmark hinzugeben und weiter rösten, ohne dass das Gemüse oder Tomatenmark Farbe annimmt. Nun mit Rotwein ablöschen und stark reduzieren lassen – bis fast keine Flüssigkeit mehr zu sehen ist. Diesen Vorgang 2 bis 3 Mal wiederholen, dieser Ansatz bekommt so einen seidigen Glanz. Mit der Grundsoße und den Kräutern auffüllen und bis auf ca. 200 ml einkochen lassen. Während des Kochvorgangs öfter umrühren und Fett oder Schaum abnehmen. Durch ein Haarsieb passieren.

Portweinsoße

1 Schalotte, geviertelt
125 ml Portwein
125 ml Madeira
40 g Butter
1 Msp. geschroteten Pfeffer
Salz

Portweinsoße

Portwein und Madeira zusammen mit der Schalotte und dem Pfeffer auf 100 ml reduzieren lassen. Mit 200 ml der Wachtelgrund-soße auffüllen. Diesen Saucenansatz wiederum auf 0,2 l reduzieren. Anschließend durch ein feines Haarsieb passieren und mit der Butter aufmixen. Mit Salz und Pfeffer aus der Mühle abschmecken.

KALBSFILET IM PUMPERNICKELMANTEL

AUF SAUERBRATENRAGOUT, MIT GLASIERTEN KOHLRABI UND KAROTTENGEMÜSE UND KARTOFFEL-FELDSALAT-STAMPF

Zutaten für 4 Personen

Kalbsfilet
400 g zugeschnittenes Kalbsfilet
200 g Fleischbrät vom Metzger
50 g Steinpilze oder Champignons, gewürfelt und gebraten
je 1/2 TL Rosmarin, Thymian, Basilikum, fein gehackt
1 TL Blattpetersilie, fein gehackt
200 g Pumpernickel, fein gehackt
Salz, Pfeffer

Sauerbratenragout
400 g Sauerbraten, fertig eingelegt vom Metzger
90 g Lauch
60 g Möhren
20 g Sellerie
50 g Zwiebel
4 EL Öl
Zucker
Thymian, Majoran, Rosmarin, Lorbeer, Wacholder, Nelke
Salz, Pfeffer
2 EL Tomatenmark
250 ml Sauerbratenlake
250 ml Rotwein
1 l Grundsoße
Mandeln
Rosinen
Rübenkraut

Das Kalbsfilet würzen, scharf und kurz von allen Seiten anbraten und zum Auskühlen zur Seite stellen. Das Fleischbrät mit den Pilzen und den Kräutern mischen und auf Klarsichtfolie in Größe des Kalbsfilets ca. 1,5 cm hoch aufstreichen. Darauf das Filet setzen und vorsichtig zu einer Roulade einrollen. Diese Roulade wiederum in Alufolie wickeln und für ca. 1 Stunde in den Kühlschrank geben.

Nach dem kompletten Auskühlen, die Folien vorsichtig entfernen, und das Fleisch in dem fein gehackten Pumpernickel rollend panieren. Das Fleisch in gebutterte Alufolie einrollen und für ca. 1 Stunde bei 80°C in den Ofen geben.

Für das Sauerbratenragout den Sauerbraten wie jedes andere Schmorgericht ansetzen, das heißt: Fleisch mit einem Küchentuch gut trocknen und in einem großen Schmortopf in heißem Öl anbraten und gut rösten. Das Bratfett abgießen. Das Gemüse und den Tomatenmark hinzugeben und weiter rösten, ohne dass das Gemüse oder das Tomatenmark Farbe annimmt. Nun nach und nach mit der Lake und dem Rotwein ablöschen und stark reduzieren lassen, bis fast keine Flüssigkeit

Kalbsfilet

mehr zu sehen ist. Diesen Vorgang 2 bis 3 Mal wiederholen. Mit Grundsoße und den Kräutern auffüllen.

Den zugedeckten Topf in einen auf 160°C vorgeheizten Ofen schieben. Während des Schmorvorgangs das Fleisch öfter drehen und mit Soße übergießen, Fett oder Schaum abnehmen. Wenn das Fleisch gar ist, aus der Soße nehmen und warm stellen. Die Soße durch ein Haarsieb passieren und mit Mandeln, Rosinen und Rübenkraut abschmecken. Das Sauerbratenfleisch in feine Würfel schneiden und in die Soße geben.

Für die Grundsoße die Kalbsknochen in heißem Fett von allen Seiten gut anrösten. Das Bratfett abgießen. Das gewaschene und gewürfelte Gemüse und das Tomatenmark hinzugeben und weiter rösten, aber ohne dass Gemüse oder Tomatenmark Farbe annehmen. Nun mit Rotwein ablöschen und stark reduzieren lassen, bis fast keine Flüssigkeit mehr zu sehen ist. Diesen Vorgang 2 bis 3 Mal wiederholen. Die Knochen mit kaltem Wasser auffüllen und langsam zum Kochen bringen.

Während des Kochvorgangs öfter umrühren und Fett oder Schaum abnehmen. Nach dem ersten Mal anschäumen, die Gewürze und Kräuter hinzugeben. Nach 2 bis 3 Stunden die Grundsoße anschmecken und durch ein Haarsieb passieren.

Grundsoße
2 kg Kalbsknochen, in Walnussgröße gehackt
4 EL Öl
150 g Lauch
100 g Möhren
60 g Sellerie
200 g Zwiebeln
Zucker
gekörnte Brühe
Thymian, Majoran, Rosmarin, Lorbeer, Wacholder, Nelke
Salz, Pfeffer
2 EL Tomatenmark
500 ml Rotwein
3 l Wasser

Kohlrabi-Karottengemüse
250 g Kohlrabi, geschält und in Dreiecke geschnitten
250 g Karotten, geschält und in Dreiecke geschnitten
50 g Butter
Zucker
Vanille
Salz, Pfeffer
Sahne

Kartoffel-Feldsalat-Stampf
600 g Kartoffeln, geschält
200 ml Hühnerbrühe
2 EL Knoblauchöl (von frittiertem Knoblauch)
100 g Feldsalat, geputzt
50 g Butter
Salz, Muskat

Für das Kohlrabi-Karottengemüse das Gemüse in reichlich Salzwasser blanchieren und in Eiswasser abschrecken. Anschließend in aufgeschäumter Butter schwenken und mit Salz, Pfeffer, Zucker und etwas ausgeschabter Vanille schwenken. Zum Schluss etwas von der Vanillebutter mit wenig warmer Sahne aufmixen und über das Gemüse geben.

Für den Kartoffel-Feldsalat-Stampf die Kartoffeln in reichlich Salzwasser abkochen, abschütten und ausdämpfen lassen. Den Feldsalat grob schneiden und in aufgeschäumter Butter kurz dünsten und abschmecken. Die Kartoffeln durch eine Kartoffelpresse drücken und mit der Hühnerbrühe, dem Knoblauchöl und dem Feldsalat mischen. Mit Salz und Muskat abschmecken.

LAUWARMES SCHOKOLADENTÖRTCHEN

MIT EINGEMACHTEN KIRSCHEN, BASILIKUM-MINZ-PESTO UND MILCHREIS-EIS

Für die Schokoladentörtchen vier Aluförmchen oder Ringe ausbuttern, mit Mehl auspudern und auf ein Backblech setzen. Das Vollei, das Eigelb und Kakaopulver mit Zucker gut aufschlagen, bis die Masse fast weiß ist. Butter und Schokolade im Wasserbad bei ca. 30°C schmelzen und das gesiebte Mehl unterrühren. Die Schokoladenbutter und die Eiermasse darunterziehen und sofort in die Formen füllen. Für ca. 2 Stunden kalt stellen. Im vorgeheizten Backofen für 7 Minuten bei 200°C backen. Das Törtchen sollte im Kern noch flüssig und warm sein.

Milchreis-Eis

Vor Beginn der Eisherstellung sollte der Milchreis gut 5 Minuten in kochendem Wasser garen, denn so verliert er seinen leichten Stärkegeschmack. Den Reis abgießen und mit Milch, Sahne und Vanilleschote gar kochen. Gleichzeitig Eigelb mit Zucker über dem Wasserbad aufschlagen. Die heiße Milch-Sahnemasse nun unter ständigem Rühren unter die Eimasse ziehen und über dem Wasserbad zur Rose abziehen. Die Masse etwas abkühlen lassen und zusammen mit dem Kirschwasser in die Eismaschine geben.

Zutaten für 4 Personen

Schokoladentörtchen
1 Vollei
1 Eigelb
20 g Zucker
5 g Kakaopulver
75 g Butter
75 g Zartbitter-Schokolade
20 g Mehl

Milchreis-Eis
60 g Milchreis (vorgekocht)
200 ml Sahne
200 ml Milch
1/4 Vanillestange
60 g Zucker
4 Eigelb
20 ml Kirschwasser

Schokoladentörtchen

Eingemachte Kirschen

200 g frische Kirschen, entsteint und kühl gestellt
100 ml Kirschsaft
100 ml Rotwein
50 g Zucker
1/4 TL Abrieb von 1 Zitrone
1/4 TL Abrieb von 1 Orange
1/4 Zimtstange
1/2 Anisstern
10-20 g Vanillepuddingpulver ,etwas Rotwein zum Anrühren

Basilikum-Minz-Pesto

8 Basilikumblätter
20 Minzblätter
30 g Haselnüsse, gehackt und geröstet
50 g brauner Zucker
200 ml Haselnussöl

Kirschen
Den Kirschsaft, Rotwein und alle anderen Aromastoffe in einen Topf geben und auf die Hälfte reduzieren. Diesen Fond durch ein Sieb passieren und mit etwas angerührtem Vanillepuddingpulver binden. Die Kirschen in diesem Fond kurz erwärmen und anrichten.

Für das Basilikum-Minz-Pesto alle Zutaten im Mörser zerstoßen mit dem Öl auffüllen.

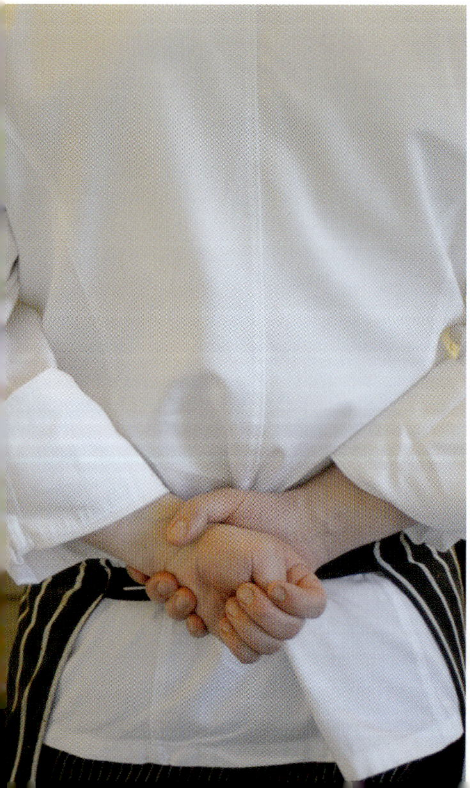

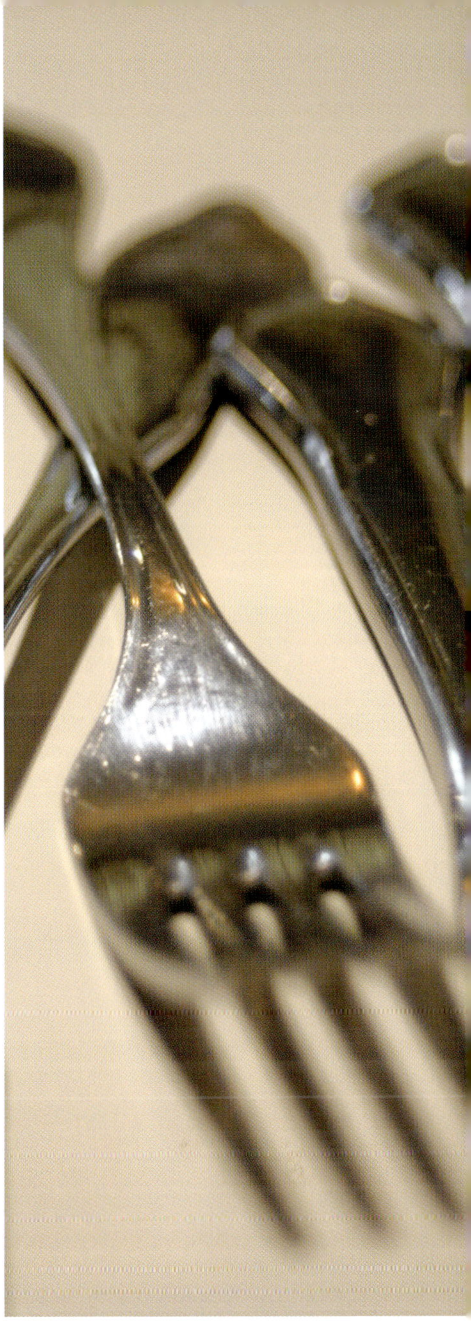

HAMPAGNE
REIMS

FELIX

GASTRONOMISCHER GEMISCHTWAREN-LADEN – ODER: VON DER BLUTWURST BIS ZUM TRÜFFEL

Das passt zur Persönlichkeit und Herkunft des lebhaften und enthusiastischen Koches: Geboren in Hattingen, spricht sich Dirk Eggers begeistert für originelle „kulinarische Schweinereien" aus. Er wirkt und wirbelt in seiner Küche mit Erfindungsgeist, mit Energie und Temperament und bringt – immer mit großem Respekt für „die Gaben Gottes" – das Beste aus der gutbürgerlichen bergischen Küche hervor. Und nicht nur das: Beeinflusst unter anderem durch seine Zeit im Düsseldorfer Schiffchen bei Jean-Claude Bourgueil, legt er gleichermaßen sehr viel Wert auf die gehobene französische Küche, die sich in vielen der schönen Gerichte in seinem „Salon de Menu" wiederfindet. So kommt im Haus Eggers jeder auf seine Kosten: Es existieren zwei verschiedene Speisekarten, die jedoch nicht ganz getrennt voneinander zu betrachten sind, denn hier werden die kulinarischen Vorzüge der verschiedenen Küchen durchaus auch gemischt: herzhaft, leicht und fein.

Seit neun Jahren betreibt Dirk Eggers zusammen mit seiner Frau Heidi das Haus Eggers. Wie er hat auch sie viel Erfahrung aus großen Sterne-Restaurants mit in die eigene Selbständigkeit gebracht. Das Haus, das sie damals übernommen haben, haben sie renoviert und ganz nach ihren Vorstellungen umgebaut – und sie zeigen auch hier ihre Vorliebe für verschiedene Stile. Das Ergebnis ist eine ausgesuchte Vielfalt an Ambiente: Zwischen mediterranem Wintergarten, heimeligem Jagdzimmer oder bergischer Gaststube ist auch in dieser Hinsicht für alle etwas dabei.

Dirk Eggers

ROULADE VON DER FORELLE

MIT GEBRATENEM KOPFSALAT UND GRAUPEN-SENFSAAT-VINAIGRETTE

Für die Füllung der Rouladen alle Zutaten zu einer homogenen Masse verrühren und die Filets damit bestreichen. Anschließend mit der Hautseite nach außen übereinanderlegen. Nun würzen, mit dem Brickteig stramm umwickeln und von allen Seiten knusprig anbraten. Bei 150°C für 5 Minuten in den Ofen schieben.

Tipp: *Legen Sie die Fischfilets versetzt übereinander. Damit erreichen Sie ein gleichmäßiges „Paket“.*

Die Kopfsalatherzen halbieren, waschen und trocken tupfen. Butter in einer Pfanne erhitzen, den Thymian und eine Prise Zucker hinzugeben. Dann den Salat mit der aufgeschnittenen Seite braun braten und einmal wenden. Mit Salz und Pfeffer würzen und warm stellen.

Für die Vinaigrette die Perlgraupen mit dem Lorbeer in gesalzenem Wasser ca. 20 Minuten kochen. Kurz vor Schluss die Möhre hinzugeben, alles auf ein Sieb schütten und kalt abspülen. Senf und Brühe miteinander verrühren, mit Walnussöl, Schalottenessig, Salz und Pfeffer abschmecken. Graupen mit der Vinaigrette vermengen.

Zutaten für 4 Personen

Rouladen
2 Forellen à ca. 350 g (filetiert und entgrätet)
2 Brickteigblätter (es geht auch Frühlingsrollenteig oder Filoteig)

Für die Füllung
50 g geräucherte Forelle
50 g weiche Butter
30 g Meerrettich
1 EL Semmelbrösel
1 EL Petersilie, gehackt
ein Spritzer Zitrone
Salz, Pfeffer

Kopfsalatherzen
4 Kopfsalatherzen
1 EL Butter
1 Prise Zucker
2 Thymianzweige
Zucker
Salz, Pfeffer

Graupen-Senfsaat-Vinaigrette
80 g Perlgraupen
1 Möhre, in Rauten geschnitten
100 ml Brühe oder Fischfond
25 g süßer Senf
25 g grober Senf
Walnussöl und Schalottenessig
Lorbeer
Salz, Pfeffer

ZWEIERLEI LAMM VOM LAMMRÜCKEN

LAMMFILET MIT LINSENSALAT, LAMMRÜCKEN MIT SPINATMAULTASCHEN, GEBRATENEM GEMÜSE UND THYMIAN-PILLEKUCHEN

Zutaten für 4 Personen

Lammrücken
1 Lammrücken (ca. 800 g)
Olivenöl
Knoblauch
Thymian
Rosmarin
Estragon
Salz, Pfeffer aus der Mühle

Thymian-Pillekuchen
400 g Kartoffeln (Celena), grob gerieben
1 Ei
1 Knoblauchzehe, zerdrückt
4 EL Haferflocken
2 EL Zwiebeln, gerieben
2 TL Thymianblätter, gezupft
Muskat
Salz, Pfeffer

Die Filets auslösen und sauber parieren, den Rücken auf der Oberseite entlang des Mittelknochens einschneiden, auf der Fettseite mit den Kräutern und dem Knoblauch scharf anbraten, umdrehen und würzen. Die vom Lammfilet abgelösten Ketten für die Soße mit anbraten. Olivenöl darübergießen und den Lammrücken bei 150°C für ca. 15 Minuten in den Ofen geben. Anschließend bei geringer Hitze ca. 5 Minuten lang ruhen lassen. Dann vom Knochen lösen und aufschneiden. Den Anschnitt mit Salz und Pfeffer würzen.

Für die Soße den Bratensaft von Rücken und Ketten in der Pfanne erhitzen und mit Lammfond oder Kalbsjus ablöschen und 2 bis 3 Minuten köcheln lassen. Anschließend passieren.

Für die Thymian-Pillekuchen die Kartoffeln mit den übrigen Zutaten vermengen. Die Masse leicht ausdrücken und in heißem Fett goldgelbe Kuchen von ca. 5 cm Durchmesser backen und anschließend auf Küchentüchern abtropfen lassen.

Tipp: *Braten Sie ganz zum Schluss noch ein wenig Thymian mit, damit die Pillekuchen einen vollen Geschmack erhalten.*

Lammrücken

Linsensalat mit Filet
200 g Linsen
1 Bund Ruccola, 2/3 davon in feine Streifen geschnitten
1 Tomate, gewürfelt
2 EL Olivenöl
1 EL Balsamico
Lorbeer
Zucker
Salz, Pfeffer aus der Mühle

Spinatmaultaschen
800 g frischer Spinat, geputzt und gewaschen
4 Wan-Tan-Teig-Blätter
1 Knoblauchzehe, ganz
1 EL Butter
Salz

Für den Linsensalat die ausgelösten Filets scharf anbraten, würzen und langsam 2 bis 3 Minuten weiter braten, dann ruhen lassen. Die Linsen im Salzwasser mit Lorbeer und einem guten Schuss Balsamico kochen. Die gekochten Linsen, den geschnitten Ruccola und die Tomatenwürfel mit Balsamico, Olivenöl, Salz und Pfeffer aus der Mühle und einer Prise Zucker würzen. In einem Cocktailglas anrichten und mit den übrig gelassenen Ruccolablättern garnieren. Die Filets schneiden und auf dem Salat platzieren.

Für die Spinatmaultaschen die Teig-Blätter für 30 Sekunden in kochendes Salzwasser geben und in kaltem Wasser abschrecken. Spinat in einem Topf mit Butter, dem aufgeschnittenen Knoblauch und Salz kurz andünsten. Auf dem Teller in das ausgebreitete Teig-Blatt geben, die Seiten hochschlagen und servieren.

HIMBEER-QUARK-KNÖDEL

MIT HALBGEFRORENEM VON BLÜTENHONIG UND APFELKRAUTESSIG

Für die Himbeer-Quark-Knödel alle Zutaten zu einem glatten Teig verrühren und abgedeckt kalt stellen. Ca. 30 Minuten ruhen lassen. Die Himbeeren mit Zucker füllen, mit ein wenig Teig umhüllen und zu kleinen Knödeln formen. Wasser und Zucker mit einer Prise Salz zum Kochen bringen, die Knödel hineingeben, einmal aufkochen und noch 5 Minuten ziehen lassen.

Tipp: *Magerquark eignet sich wegen seiner Konsistenz am besten, um einen guten Knödel machen zu können.*

Tipp: *Je dünner Sie den Teigmantel machen, desto besser: So erreichen Sie mehr Himbeergeschmack.*

Für den Apfelkrautessig Balsamico und Apfelkraut zusammen einmal aufkochen und erkalten lassen.

Zutaten für 4 Personen

Himbeer-Quark-Knödel
30 g weiche Butter
100 g trockener Speisequark (im Tuch ausdrücken)
15 g Mehl, Typ 450
15 g Gries
1 Eigelb
1/4 Vanillestange
Abrieb non 1/4 Zitrone
250 g Himbeeren
Salz und Zucker

Apfelkrautessig
50 g Balsamico
100 g Apfelkraut

Quark-Knödel

Für das Halbgefrorene die Eier in eine Schüssel geben, Honig und Wodka auf ca. 90°C erwärmen, dann zu den Eiern geben und unter ständigem Rühren wieder kalt schlagen. Ein Drittel der Sahne unterrühren und anschließend den Rest gleichmäßig unterheben. Die Masse abfüllen und gefrieren lassen.

Tipp: *Der Alkohol soll den Gefrierpunkt der Eismasse senken, für den Geschmack ist er nicht nötig.*

Tipp: *Vor dem Servieren einige Minuten antauen lassen.*

Halbgefrorenes
4 Eigelb
1 Vollei
125 g Blütenhonig
40 ml Wodka oder Korn
250 ml geschlagene Sahne

Hotel
& Restaurant
Eggers
Salon de Menu

ERDBEEREN NUR IM SOMMER

Die Vorgartenbeete der Villa Concordia begrüßen die Gäste mit Kohlgewächsen und Kräu-tern – ein gutes Omen für die natürliche Küche, die sie hier erwartet. „In unserer Region gibt es echte Topware!“ – für Ulrich Heldmann ist Gesetz, heimische und saisonale Produkte zu verarbeiten: So vermittelt er die Köstlichkeiten der Heimat und wertet dabei gleichzeitig „die gute alte Pillekuchen-Küche“ mit originellen Rezepten um einiges auf. Und er vermittelt Begeisterung für jedes einzelne Produkt! Mit Hingabe erläutert er die Beschaffenheit von Äpfeln und ihre Eignung für verschiedene Rezepte zu verschiedenen Jahreszeiten. Große Sorgfalt lässt er bei der Zubereitung seiner Gerichte walten, und er lässt sich auf keine Kompromisse ein. Das beginnt bereits bei der Produktauswahl, die er sehr gerne höchstselbst erledigt, wenn es die Zeit erlaubt. Dann zieht er mit seinem Karren auf den heimischen Markt und lässt sich von der guten Beschaffenheit der Produkte persönlich überzeugen.

Der hohe Anspruch begleitete ihn von Anfang an: Seine Koch-Ausbildung in Wuppertal war zunächst von einer „gutbürgerlichen“ Küche geprägt, und schon bald zog Ulrich Heldmann aus, um „mehr daraus zu machen“. Er nahm eine Anstellung bei Clemens Averbeck in Senden an, dessen Sendung „Kochen wie Gott in Deutschland“ ihn neugierig gemacht hatte. Es folgten einige Stationen quer durch Deutschland, bis er sich schließlich mit seiner Frau, die er schon bei Clemens Averbeck kennen gelernt hatte, in Remscheid niedergelassen hat. Heute gibt Ulrich Heldmann als strenger und anspruchsvoller Lehrmeister Wissen und Niveau an seine Auszubildenden weiter. Sein Ziel: die Kreativität des Berufes und die Leidenschaft dafür weiterzuvermitteln.

Die Villa Concordia ist nun schon seit 10 Jahren im Besitz der Familie Heldmann. Zusammen mit seiner Frau bietet Ulrich Heldmann seinen Gästen im individuellen Jahrhundertwende-Flair des Altbaus das Besondere, das diese hier suchen. In der denkmalgeschützten Villa sind ein Bistro und ein Gourmet-Restaurant untergebracht, die wie Kino und Theater unterschiedliche Geschmäcker treffen – die Heldmanns legen viel Wert darauf, dass sich die verschiedensten Gäste bei ihnen wohlfühlen. Und das gelingt ihnen aufs Feinste ...

Ulrich Heldmann

KROSS GEBRATENER ZANDER

MIT RÄUCHERLACHS UND MEERETTICH GEFÜLLT AUF KÜRBISGEMÜSE MIT KRÄUTERSOSSE

Den Zander in 4 Stücke portionieren, die Haut vorsichtig einschneiden und den Fisch in der Mitte einschneiden. Mit dem Räucherlachs und Meerrettich füllen. Mit Natursalz würzen, mehlen und in Pflanzenöl kross auf der Hautseite anbraten, umdrehen und im Ofen bei ca. 160°C 3 bis 5 Minuten fertig garen.

Für die Kräutersoße Zwiebel und Sellerie in Butter anschwitzen und mit Weißwein ablöschen. Mit dem Fischfond auffüllen und reduzieren. Jetzt die Sahne zugeben, etwas einkochen und mit etwas Pfeffer und Kräutern mixen, passieren und mit Natursalz abschmecken.

Für das Kürbisgemüse den Kürbis kurz in Salzwasser blanchieren. Zwiebeln in Butter anschwitzen, anschließend Äpfel mitschwitzen. Kürbiswürfel, Sahne und Curry zugeben mit Zitrone, Salz und Pfeffer abschmecken.

Das Kürbisgemüse in der Mitte des Tellers anrichten, den Zander daraufsetzen, die Kräutersoße um das Gemüse geben. Etwas geriebenen Meerrettich auf den Zander geben, mit Kräutern garnieren.

Zutaten für 4 Personen

Zanderfilet
400 g Zanderfilet, geschuppt
4 Scheiben Räucherlachs
1 kleines Stück Meerrettich
20 ml Pflanzenöl
Natursalz

Kräutersoße
1/2 Zwiebel, klein geschnitten
40 g Sellerie, klein geschnitten
20 g Butter
100 ml trockener Weißwein
200 ml Fischfond
100 ml Sahne
gemischte Kräuter (Petersilie, Kerbel, Estragon, Kresse, Schnittlauch, Sauerampfer, etc.)
Natursalz, Pfefferkörner

Kürbisgemüse
400 g Kürbis, gewürfelt
20 g Butter
1 Zwiebel, fein gewürfelt
1 Apfel, gewürfelt
40 g Sahne
1 Msp. Curry
Zitrone
Natursalz, Pfeffer

Zanderfilet

KOTELETT VOM FRISCHLINGSRÜCKEN

MIT ZWIEBEL-MAJORAN-HAUBE, SPECKPFANNEKUCHEN UND BOHNENGEMÜSE

Die Koteletts mit Salz und Pfeffer würzen, im Pflanzenöl anbraten und ca. 1 bis 2 Minuten im Ofen bei ca. 180°C rosa baten. Den Rotwein und den Fond mit Nelke und Wacholderbeeren reduzieren und anschließend mit Speisestärke binden. Mit kalter Butter verfeinern und durch ein feines Sieb passieren. Mit Salz und Pfeffer abschmecken.

Für die Zwiebel-Majoran-Haube Zwiebeln in Butter anschwitzen, bis sie gar sind (gegebenenfalls etwas Wasser zugeben). Die Zwiebeln durch ein Sieb streichen und Béchamel, Senf und Majoran zugeben. Mit Salz und Pfeffer abschmecken und auf die gebratenen Kotelettes geben und gratinieren.

Tipp: *Die Béchamel zubereiten: Aus Butter und Mehl eine Mehlschwitze herstellen, mit Milch auffüllen und unter ständigem Rühren aufkochen.*

Für die Speckpfannekuchen Milch erwärmen, die Hefe zugeben und ins Mehl rühren. Den Teig etwas gehen lassen. Anschließend das Eigelb hinzugeben. Das Eiweiß mit Salz aufschlagen, und unter den Teig heben, mit Salz und Pfeffer würzen. Speck und Zwiebel anschwitzen, den Pfannkuchenteig darübergeben und Farbe nehmen lassen. Dann im

Zutaten für 4 Personen

Frischlingskotelett
12 Frischlingskoteletts (à 60 g)
20 g Pflanzenöl
50 ml trockener Rotwein
200 ml dunkler Wildschwein- oder Kalbsfond
Speisestärke
20 g Butter
3 Wacholderbeeren
1 Nelke
Natursalz, Pfeffer

Zwiebel- Mayoran- Haube
200 g Zwiebeln, klein geschnitten
30 g Butter
50 g Weißbrot
1 EL Béchamel (20 g Butter, 20 g Mehl, 250ml Milch, Salz, Pfeffer, Muskat)
Senf
1 Eigelb
Majoran
Natursalz, Pfefferkörner

Speckpfannekuchen
75 g Milch
5 g Hefe
50 g Mehl
1 Ei
20 g Butter
1 Zwiebel, klein gewürfelt
40 g magerer Speck, klein gewürfelt
12 dünne Scheiben Pfefferbeißer
Natursalz, Pfeffer

Frischlingskotelett

Bohnengemüse
400 g Breite Bohnen, geputzt, in Rauten geschnitten
je 50 g gekochte
- rote Bohnenkerne
- weiße Bohnenkerne
- grüne Bohnenkerne

50 g magerer Speck, gewürfelt
1 Zwiebel, gewürfelt
30 g Butter
Natursalz, Pfeffer

Backofen bei Oberhitze bei ca. 180°C ca. 3 Minuten fertig backen. Zum Anrichten zusammenrollen und in 4 gleich große Stücke teilen.

Für das Bohnengemüse Bohnen in Salzwasser garen und in Eiswasser abschrecken. Den Speck in Butter anschwitzen, die Zwiebel mitschwitzen und die Bohnen zugeben. Nun die Pfefferbeißer-Scheiben zugeben, erhitzen, Gemüse mit Salz und Pfeffer abschmecken.

Das Bohnengemüse in der Mitte des Tellers anrichten, je 3 gratinierte Kotelettes darauf anrichten, den Speckpfannekuchen dazulegen und die Soße um das Gemüse nappieren.

GRIESSNOCKEN MIT HASELNÜSSEN
AUF HOLUNDERSOSSE MIT ÄPFELN UND MELISSENEIS

Für die Grießnocken Milch, Zucker, Butter, Vanille und Salz aufkochen, Grieß zugeben und ca. 4 Minuten köcheln lassen, dann das Eigelb zugeben. Von dem Grießbrei mit 2 Löffeln Nocken ausstechen und in leicht gesalzenem Wasser ca. 10 Minuten gar köcheln. Anschließend die Nocken in den Haselnüssen mit Zucker und Zimt wenden.

Für die Holunder-Apfelsoße die Apfelwürfel mit etwas Zitronensaft beträufeln, in Butter anschwitzen und garen, ohne dass sie zerfallen. Den Holundersaft mit Zucker aufkochen, mit der Speisestärke leicht abziehen und abkühlen lassen. Dann die Äpfel zugeben und mit Zitrone abschmecken.

Für das Melisseneis den Riesling auf ca. 150 ml reduzieren, den Zucker zugeben und die Butter in den kochenden Riesling einmontieren. Mit einem Eigelb abziehen, ohne dass der Riesling kocht. Mit der Zitronenmelisse mixen, durch ein feines Sieb passieren und in der Eismaschine frieren.

Auf einen Teller die Holundersoße geben, Grießnocken daraufsetzen, das Eis anrichten und mit Melisse garnieren.

Zutaten für 4 Personen

Grießnocken
175 ml Milch
45 g Butter
50 g Grieß
1 Eigelb
40 g Zucker
Prise Salz
1/4 Vanillestange
40 g Haselnüsse, gemahlen
25 g Zucker
Prise Zimt

Holunder-Apfelsoße
1 säuerlicher Apfel (Cox Orange), klein gewürfelt
Zitronensaft
100 ml Holundersaft, ungesüßt
30 g Zucker
20 g Butter
Speisestärke

Melisseneis
250 ml trockener Riesling
40 g Zucker
50 g Butter
1 Eigelb
Zitronenmelisse

Grießnocken

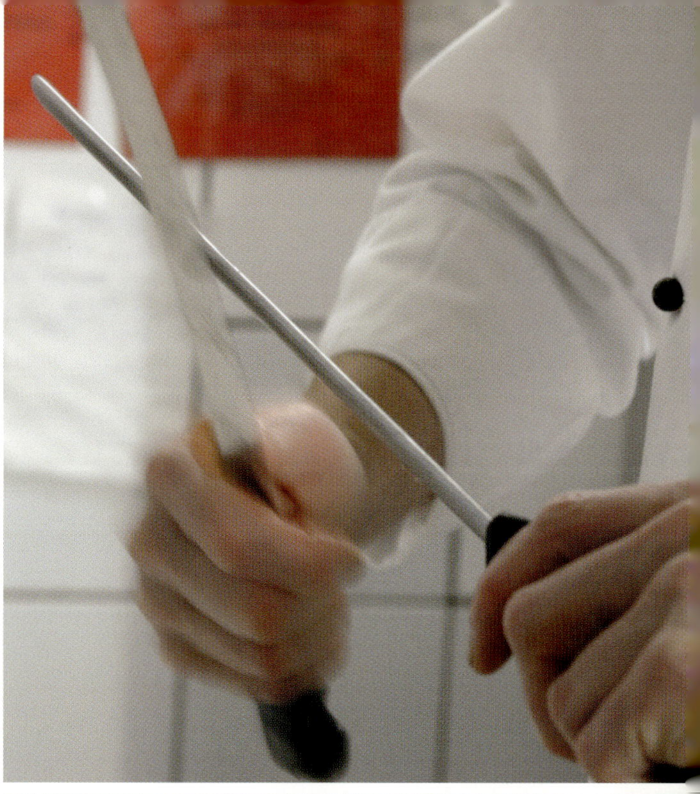

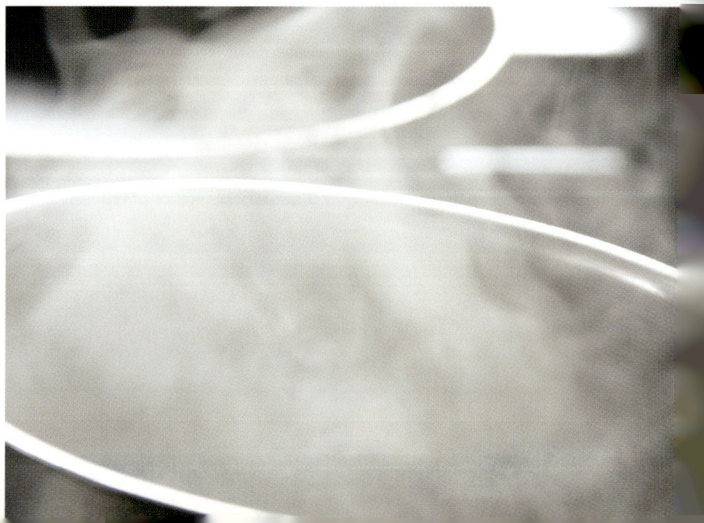

RESTAURANT CONCORDIA

PRÄZISION, PERFEKTION – UND PERSÖNLICHKEIT

Wenn es eine Auszeichnung für Charme in der Küche gäbe, so würde Nils Henkel sie erhalten! – Schloss Lerbach kann sich nicht über mangelnde Anerkennung beklagen, aber diesen persönlichen Preis würden wir seinem besonnenen und beeindruckenden Küchenchef gerne noch überreichen.

Nils Henkel zeichnet sich aus durch seine überlegte, ruhige, herzliche Art, die sich im freundlichen, aber durchaus nordisch-distanzierten Umgang mit dem jungen Team widerspiegelt. Sein Chef sei auch so – wahrscheinlich klappt es deshalb seit neun Jahren so gut, in denen Nils Henkel nun schon bei Dieter Müller kocht. Und es ist offensichtlich, dass er zum Ruhm der erfolgreichen Schlossküche beiträgt!

Wenn Nils Henkel seine Gerichte konzipiert und skizziert, fasziniert es ihn besonders, bestimmte Grundprodukte in verschiedenen Details des Gerichtes zu wiederholen und immer wieder neu zu kombinieren. Das ist Präzision und Perfektion für Gaumen und Auge, die sich auch in vielen Kleinigkeiten der Ausübung des Handwerks ausdrücken. Zum Beispiel greift der Sohn eines Arztes fürs Anrichten auch schon mal auf die Pinzette zurück. Sein Vater muss sich wohl über die Parallelen ihrer Berufe wundern ... Und seine Mutter vielleicht, dass er bei all der gehobenen Küche immer noch "Birnen-Bohnen-Speck" – einen Eintopf aus seiner Holsteiner Heimat – liebt.

Die Ideen für die Gerichte kommen dem Sportler oftmals beim Laufen, das er zum Ausgleich zur Anspannung in der Küche braucht. Es muss viel Anspannung sein, denn Nils Henkel läuft oft und trainiert für den New-York-Marathon. Man muss sich in diesem Job ein bisschen selbst aufgeben, gibt er zu – in einer Spitzen-Küche geht es eben vor allem darum, den extrem hohen Erwartungen des Gastes gerecht zu werden. Und der Gast ist nach Nils Henkels Auffassung sowieso der Anspruchsvollste!

Nils Henkel

GRUNDREZEPT FISCHFARCE MIT KRÄUTERN

Die Fischfarce
120 g Zanderfilet
100 ml Sahne
2 EL Kräuter, gehackt (Petersilie, Estragon, Kerbel)
Salz, Tabasco, Zitronensaft

Das Zanderfilet (statt Zander kann man auch Hecht oder Forelle verwenden) häuten und Gräten ziehen. Das Fleisch kleinschneiden und mit Salz und einem Spritzer Tabasco würzen. Separat mit der Sahne in das Tiefkühlfach geben und leicht anfrieren lassen. Nach etwa 30 Minuten die Fischmasse in einen Küchenmixer geben und 10 bis 20 Sekunden durchmixen. Zuerst die Hälfte der Sahne zufügen, kurz durchmixen und dann den Rest dazugießen und die gehackten Kräuter beigeben. Alles schnell zu einer glatten glänzenden Farce verarbeiten. Die Farce durch ein feines Haarsieb streichen, mit etwas Zitronensaft und Salz abschrecken.

GRUNDREZEPT DUNKLER WILDFOND

Die Knochen fein zerhacken und in einer Kasserolle in Öl anbraten. Das geputzte, zerkleinerte Gemüse zufügen und 5 bis 8 Minuten mitrösten. Das Fett abgießen und Tomatenmark unterrühren. Nochmals kurz anrösten. Nach und nach Rotwein angießen, die Flüssigkeit immer wieder ganz einkochen. Nach dem letzten Einkochen die Knochen mit kaltem Wasser bedecken, aufkochen und abschäumen. Die Kräuter und Gewürze zufügen, bei milder Hitze auf dem Herd etwa 2 Stunden köcheln. Durch ein Haarsieb oder Tuch passieren und mit Küchenkrepp entfetten – oder erkalten lassen – und die Fettschicht abheben. Dann um etwa die Hälfte einkochen.

Zutaten für 1/2 Liter

Der Wildfond
2,5 kg Wildknochen
2 EL Öl
150 g Zwiebeln
60 g Karotten
40 g Knollensellerie
50 g Tomatenmark
200 ml trovkenen Rotwein
1 Lorbeer
1 Thymianzweig
1 Rosmarinzweig
5 Pimentkörner
10 Pfefferkörner, schwarz
10 Wacholderbeeren
1 Gewürznelke

BACHFORELLE MIT GERÄUCHERTEM OCHSENMARK,

BOHNENSALAT, MEERRETTICH UND APFEL-BALSAMICO

Zutaten für 4 Personen

Bachforelle
1 Bachforelle von etwa 600 g
2 EL Fischfarce mit Kräutern (siehe Grundrezepte)
100 g Ochsenmark, geräuchert (vom Metzger)
Salz und Pfeffer aus der Mühle

Die Bachforelle filetieren, die Filets mit Haut zuschneiden und die Gräten ziehen. Die Filets in vier gleichmäßige Portionen schneiden und mit Salz und Pfeffer würzen.

Das Ochsenmark beim Metzger vorbestellen, am besten sollte er es bereits gewässert und anschließend geräuchert haben. Ansonsten in einen flachen Topf Buchenholzmehl und Wacholderbeeren geben. Den Topf auf der Herdplatte erhitzen und das Räuchermehl anzünden. Darüber ein rundes Küchengitter legen und das gewässerte Ochsenmark auf das Gitter platzieren. Mit einem Topfdeckel verschließen und etwa 30 Minuten im kalten Rauch aromatisieren. Das Ochsenmark in Scheiben schneiden und eng aneinander auf Backpapier zu einem Viereck auslegen. Die grüne Kräuter-Fischfarce darüberstreichen, sodass die Farce die Zwischenräume ausfüllt. Die Ochsenmarkplatte etwa eine halbe Stunde ins Gefrierfach legen.

Bachforelle

Apfel-Meerretttich-Gelee
250 ml Apfelsaft, klar
30 g Meerrettich, grob gerieben
1 Blatt Gelatine
2 g Agar Agar

Bohnenpüree
300 g Coco-Blanc-Bohnen
100 g Speck, durchwachsen
10 ml weißer Balsamico
Karotte, Sellerie und Zwiebel
1 Oreganozweig
Traubenkernöl

Bohnensalat
12 Schneidebohnen
4 EL grüne Sojabohnen
4 EL weißes Bohnenpüree (siehe oben)
Apfelessig
Salz, Pfeffer

Für das Apfel-Meerrettich-Gelee den Apfelsaft mit dem geriebenen Meerrettich aufkochen und 10 Minuten ziehen lassen. Die eingeweichte Gelatine und Agar Agar zufügen, nochmals aufkochen und durch ein feines Sieb direkt auf ein vorgewärmtes Kunststofftablett gießen und gleichmäßig ausgießen. Das Gelee kalt stellen.

Für das Bohnenpüree die Bohnenkerne über Nacht einweichen und mit Wasser, Essig, Speck und dem Gemüse aufsetzen, leicht salzen und etwa 1,5 bis 2 Stunden köcheln lassen, gegebenenfalls mit etwas Wasser auffüllen. Wenn die Bohnen schön weich sind, zwei Drittel davon mit etwas Kochfond im Thermomix sehr fein pürieren, dabei nach Belieben etwas Traubenkernöl untermixen. Das Püree mit Salz und Pfeffer abschmecken und die restlichen abgetropften Bohnen unterheben.

Für den Bohnensalat die Schneidebohnen in kochendem Salzwasser mit leichtem Biss gar kochen, die grünen Sojabohnen sehr kurz blanchieren und beide in Eiswasser abschrecken, damit sie schön grün bleiben. Die Schneidebohnen trocknen und längs in sehr feine Streifen schneiden. Die Streifen auf rechteckige Teller legen, sodass sie eng aneinander liegen. Das cremige, weiße Bohnenpüree leicht erwärmen, mit den grünen Sojabohnen vermischen. Mit einem Spritzer Apfelessig, Salz und Pfeffer abschmecken und in einem flachen Ring auf die Schneidebohnen anrichten.

Für die Vinaigrette den Geflügelfond mit dem Apfel-Balsamico und dem Kräuter-Traubenkernöl vermischen. Hierfür frische Kräuter mit Traubenkernöl mixen und durch ein feines Sieb laufen lassen. Die Vinaigrette mit Salz und Pfeffer abschmecken.

Die Forellenfilets in Traubenkernöl von jeder Seite 2 Minuten sanft braten und aus der Pfanne nehmen. Die Haut vorsichtig abziehen und durch ein passendes Stück Ochsenmark ersetzen.

Vom Apfel-Meerrettich-Gelee ebenfalls ein passendes Stück schneiden und wie eine Folie über das Ochsenmark ziehen. Das Gelee ist durch Agar Agar hitzestabil und hält das Mark zusammen, wenn es warm wird.

Die Forellenfilets nun bei 160°C für 2 Minuten in den Ofen geben, sodass sie saftig und im Kern noch etwas glasig sind.

Die Bohnen mit der Vinaigrette marinieren. Den Forellenkaviar auf die Bohnen verteilen und das Forellenfilet auf den Bohnensalat platzieren. Den Fisch und die Bohnen mit frisch geriebenem Meerrettich bestreuen und servieren.

Vinaigrette
2 EL Geflügelfond
2 EL Apfel-Balsamico
2 EL grünes Kräuter-Traubenkernöl
frische Kräuter
Salz und Pfeffer

Für die Garnitur
2 EL Forellenkaviar
Meerrettich, frisch gerieben

REHRÜCKEN MIT PFEFFERJUS
AUF SPECKERBSEN, PETERSILIENWURZELN UND WALDPILZEN

Das Rehrückenfilet salzen, pfeffern, in Frischhaltefolie einrollen und anschließend in Alufolie straff einrollen. Die Enden der Folie zudrehen und die Rollen bei 85°C im Wasserbad etwa 6 bis 8 Minuten pochieren. Die Kerntemperatur sollte bei 45°C legen. Die Filets aus der Folie wickeln, etwa 3 Minuten ruhen lassen.

Die Petersilienwurzeln schälen und in gleichmäßige Zylinder schneiden. Mit einem Kugelausstecher aushöhlen und in Salzwasser mit leichtem Biss garen, anschließend in Eiswasser abschrecken. Die Abschnitte der Wurzeln mit Sahne knapp bedecken, leicht salzen und weich kochen. Dann mit einem Mixer fein pürieren und das Püree warmstellen.

Die Pilze putzen, vorsichtig waschen und auf Küchenkrepp trockenlegen. Die Perlzwiebeln schälen, vierteln und in Segmente zupfen. Die Zwiebelblättchen in Salzwasser kurz blanchieren.

Zutaten für 4 Personen

Rehrücken
320g Rückenfilet vom bergischen Reh
6 Petersilienwurzeln, mittelgroß
Sahne
160 g Waldpilze (Pfifferlinge, Trompetenpilze, Maronenpilze)
8 Perlzwiebeln
Salz und Pfeffer

Rehrücken

Langpfeffersoße

50 g Schalotten
4 Langpfefferzapfen
6 Pfefferkörner, schwarz
2 Wacholderbeeren
200 ml Rotwein
300 ml Wildfond, dunkel (siehe Grundrezepte)
1 Thymianzweig
schwarzer Pfeffer aus der Mühle

Speckerbsen

30 g Schalotten
30 g Räucherspeck
10 g Butter
1 Thymianzweig
20 ml Noilly Prat
100 ml Sahne
250 g Erbsen, fein TK
2 EL gelbe Erbsen, gekocht und geschält
2 EL grüne Erbsen, gekocht und geschält
2 EL Bauchspeck, fein gewürfelt und geröstet
Stärke
Salz, Pfeffer aus der Mühle

Für die Langpfeffersoße die Schalotten in Butter anschwitzen und die zerstoßenen Langpfefferzapfen, Pfeffer und Wacholderbeeren zufügen. Mit Rotwein ablöschen und um die Hälfte einkochen lassen. Dann den Wildfond und den Thymian zufügen und wiederum um die Hälfte einkochen lassen. Die Soße durch ein feines Sieb passieren und gegebenenfalls noch mit frischem schwarzem Pfeffer aus der Mühle abschmecken.

Für die Speckerbsen Schalotten und Räucherspeck in Streifen schneiden und in Butter anrösten. Thymianzweig zufügen und mit Noilly Prat ablöschen. Einreduzieren und mit der Sahne auffüllen, einmal aufkochen und 20 Minuten ziehen lassen. Nochmals aufkochen, mit angerührter Stärke etwas binden und mit Salz und Pfeffer kräftig abschmecken. Die Sahne durch ein feines Sieb passieren und mit den aufgetauten, ausgedrückten Erbsen in einer Moulinette sehr fein pürieren. Nochmals abschmecken und durch ein Passiersieb streichen.

Das Erbsenpüree zum Servieren erwärmen und die gelben und grünen Erbsen mit den gerösteten Speckwürfeln unterheben.

Die Speckerbsen mit einem rechteckigen Rahmen in der Tellermitte anrichten.

Die Petersilienwurzeln in Butter sautieren und jeweils drei oberhalb der Erbsen anrichten, das Petersilienpüree mit einem Spritzbeutel einfüllen.

Die Waldpilze mit den Zwiebelblättchen in Nussöl sautieren, mit Salz und Pfeffer würzen und unterhalb der Erbsen anrichten.

Das Rehfilet in aufgeschäumter Butter kurz heiß anbraten, dann längs halbieren und auf die Erbsen anrichten. Zum Schluss die Pfeffersoße angießen und sofort servieren.

Die gefüllten Petersilienwurzeln kann man nach Belieben mit frittierten Kräutern, Petersilienwurzelchips oder krossen Speckscheiben dekorieren.

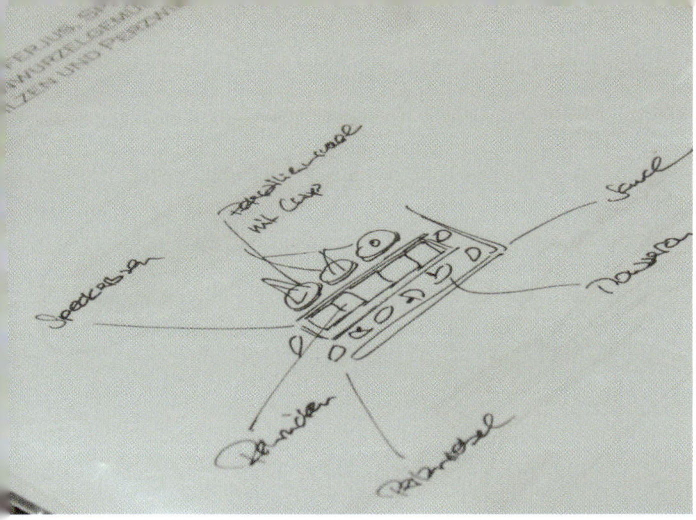

DUO VOM ZIEGENKÄSE

MIT HOLUNDERSORBET UND SALZIGEM SESAMKROKANT

Die Ziegenkäserolle in vier gleich starke Scheiben schneiden, mit Salz und Pfeffer würzen und mit den gehackten Pistazien bestreuen.

Für die Ziegen-Quarkmousse das Eigelb mit Honig und Noilly Prat auf heißem Wasserdampf aufschlagen, die eingeweichte Gelatine zufügen und kaltschlagen. Den Ziegenquark unterrühren, mit Salz und Pfeffer abschmecken und dann die geschlagene Sahne unterheben. Das Mousse in einen rechteckigen Rahmen oder ein kleines Randblech von 2 cm Höhe füllen und kaltstellen. Das Mousse in Viereckstücke von 3 x 3 cm schneiden.

Für den Sesamkrokant die Butter bei Zimmertemperatur weich werden lassen und den Zucker unterrühren. Dann den Orangensaft und zum Schluss das Mehl zufügen. Die Masse an einem kühlen Ort 1 Stunde ruhen lassen. Die Masse dünn auf eine Silikon-Backmatte aufstreichen und nach Geschmack mit Fleur de Sel, weißem und schwarzem Sesam bestreuen. Bei 180°C etwa 4 Minuten backen, bis der Krokant eine goldbraune Farbe hat. Den Krokant aus dem Ofen nehmen und in Vierecke von 3 x 3 cm schneiden.

Zutaten für 4 Personen

Ziegenkäse
160 g Ziegenkäserolle, leicht gereift
2 EL Pistazien, gehackt
2 EL Pistazien- oder Nussöl

Ziegen-Quarkmousse
125 g Ziegenquark
1 Eigelb
5 g Honig
10 ml Noilly Prat
1,5 Blatt Gelatine
100 ml geschlage Sahne
1 Prise Salz
1 Prise Sichuanpfeffer

Sesamkrokant
50 g Butter
50 g weißer Zucker
50 g brauner Zucker
50 ml Orangensaft
35 g Mehl
Fleur de Sel
weißer & schwarzer Sesam

Ziegenkäse

Holundersorbet
500 g Holunderbeerenpüree
130 g Zucker
50 g Glukose
150 ml Wasser
Salz, Pfeffer

für die Garnitur
Holunderbeeren
Alter Balsamico

Für das Holundersorbet den Zucker mit der Glukose und dem Wasser aufkochen und mit dem Holunderbeerenpüree verrühren. Mit Salz und Pfeffer abschmecken und gefrieren.

Tipp: *Wenn keine Glukose zu bekommen ist, sollte man den Zuckeranteil auf 180 g erhöhen.*

Die Ziegenkäsescheiben auf eine Platte legen, mit Pistazienöl beträufeln und im Salamander oder Backofen nur mit Oberhitze etwa 2 Minuten leicht überbacken.

Den Ziegenkäse in die Mitte von ovalen Tellern anrichten. Links und rechts mit etwas Abstand je einen Ziegenquarkwürfel platzieren und jeweils eine Sesamkrokantscheibe auflegen.

In die Zwischenräume je eine kleine Nocke Holundersorbet anrichten und mit Holunderbeeren und einigen Tropfen Balsamico dekorieren.

Alexander

EIN RESTAURANT IST WIE EIN THEATER

Als er damals die Klosterschänke das erste Mal sah, hat es Klick gemacht! Paul Clemens hatte eine Vision und beschloss, sie zusammen mit seinem Partner zu verwirklichen: Er ließ alles aus dem Gastronomiebereich entfernen – und schuf ein völlig neues Ambiente. Mit Antiquitäten ausgestattet, bietet heute die Klosterschänke ihren Gästen eine perfekte Kulisse für einen unterhaltsamen Abend. Die Veranstaltungen des Kulturzentrums Klosterkirche untermalen diesen Charakter, und die Besucher – auch der ein oder andere Prominente nach seinem Auftritt – lassen sich hier gerne kulinarisch verwöhnen.

Inzwischen betreibt Paul Clemens zusammen mit seinem Kompagnon Tino Burk mehrere Gastronomiebetriebe in Remscheid. Er bezeichnet sich selbst als Feuerwehrmann – er ist immer vor Ort, wenn es „brennt" –, und da es so viele Feuerstellen sind, ist er sehr viel unterwegs! Die Küche in der Klosterschänke hat er deshalb vertrauensvoll in Alexander Klaas' Hände gelegt. Der hat einst in einem Haus in Siegen bei Paul Clemens gelernt und sollte ihm von da an immer wieder folgen: vom Ausbildungsbetrieb zunächst in den Remscheider Hof und nach seiner Zeit in Italien schließlich in die Klosterschänke.

Heute sind sie gleichberechtigte Partner und bilden ein sich perfekt ergänzendes Gespann. Alexander Klaas führt seine Küche mit Ruhe und Kraft und setzt die kreativen Impulse seiner Partner souverän um. Aus Italien hat er seine Vorliebe für mediterrane Gerichte mitgebracht, die ihm Inspiration für seine individuelle Küche sind – die wiederum seinen Gästen viel Abwechslung garantiert.

Klaas & Paul Clemens

ZANDERMEDAILLION UND PULPO

AUF CHORIZORISOTTO, SAFRANSCHAUM UND ROTWEINZWIEBELN

Zutaten für 4 Personen

Für den Pulpo
1 küchenfertiger Oktopus
je 75 g Zwiebeln, Lauch, Sellerie, Karotten und Petersilienwurzel, geputzt und in Stücke geschnitten
Olivenöl zum Andünsten
125 ml Noilly Prat
250 ml Weißwein
10 weiße Pfefferkörner
je ein Zweig Rosmarin und Thymian
2 Knoblauchzehen
2 Lorbeerblätter
5 Wacholderbeeren
Meersalz

Für den Zander
4 Zanderfilets à 60 g
1 Zweig Rosmarin
Salz,Pfeffer aus der Mühle

Risotto
2 EL Olivenöl
3 Schalotten, fein gehackt
1 Knoblauchzehe, fein gehackt
100 g Risottoreis
100 ml Weißwein
300 ml Hühnerbrühe
1 EL Butter
60 g Chorizo (spanische Salami), gewürfelt
50 g Parmesan, fein gerieben
Salz, Pfeffer aus der Mühle

Den Oktopus ca. 1 Stunde lang im kalten Wasser wässern. Das Gemüse in Olivenöl andünsten und mit Noilly Prat und Weißwein ablöschen, den Oktopus hineingeben und mit so viel Wasser auffüllen, dass alles bedeckt ist. Einmal aufkochen lassen, die Gewürze und Kräuter zufügen und bei sanfter Hitze ca. 30 Minuten köcheln lassen, bis die Arme weich sind. Den Oktopus aus dem Sud nehmen und kalt abspülen. Die Arme parieren und portionieren. Zur weiteren Verwendung kühlstellen.

Kurz vor dem Anrichten die Zanderfilets von beiden Seiten in einer heißen Pfanne scharf anbraten. Danach etwas Butter, Olivenöl und Rosmarin hinzugeben und den Fisch nachschwenken. Im Salamander ca. 2 Minuten ruhen lassen.

Für den Risotto das Olivenöl in einer Pfanne mit hohem Rand erhitzen, die Schalotten und den Knoblauch hineingeben und bei niedriger Hitze andünsten. Den Reis hinzufügen und vermischen, anschließend mit dem Wein ablöschen und unter ständigem Rühren kochen, bis der Reis den Wein aufgenommen hat. Nun nach und nach die Brühe dazugießen und immer wieder rühren, bis die ganze Flüssigkeit

Zandermedaillons

aufgenommen ist und der Reis außen weich ist, aber innen leicht Biss hat. Vor dem Anrichten Butter, Chorizo und Parmesan unterarbeiten.

Für den Safranschaum den Noilly Prat und Weißwein auf 100 ml einkochen lassen, mit dem Fischfond und Champignons auffüllen und nochmals auf 100 ml einkochen. Safranfäden und Sahne hinzugeben, durchkochen und mit den kalten Butterflocken abziehen und abschmecken.

Für den Fischfond die Fischgräten zerkleinern und gut wässern. Das Gemüse waschen, putzen, würfeln und in etwas Olivenöl anschwitzen. Fischgräten, Gewürze und Kräuter hinzufügen und mit dem Wasser und Wein bedecken. Bei milder Hitze ca. 15 Minuten köcheln und abschäumen. Den Fond durch ein Tuch passieren.

Für die Rotweinzwiebeln Butter und Zucker im Topf leicht karamellisieren lassen und mit Rotwein und Portwein ablöschen. Die Perlzwiebeln und Thymian hinzugeben und gar köcheln lassen. Die Zwiebeln aus dem Fond nehmen und den Rotweinfond auf Sirupkonsistenz einköcheln lassen, die Zwiebeln wieder hinzufügen und in ein Weckglas abfüllen.

Die Oktopus-Arme in einer Teflonpfanne mit Olivenöl und etwas Fischfond erwärmen. Den gebratenen Zander und Oktopus auf heiße Teller setzen, den Risotto und die lauwarmen Perlzwiebeln anrichten und mit aufgeschlagener Safransoße servieren.

Safranschaum
100 ml Noilly Prat
100 ml Weißwein
250 ml Fischfond
50 ml Sahne
10 Safranfäden
30 g Butter
50 g weiße Champignons
Salz, Pfeffer aus der Mühle

Rotweinzwiebeln
60 g geschälte Perlzwiebeln
1 TL Zucker
20 g Butter
100 ml Rotwein
20 ml Portwein
1 Zweig Thymian

ZWEIERLEI SPANFERKEL

AUF EIGENER SOSSE MIT CHILIKAROTTEN UND KARTOFFELSANDWICHES

Zutaten für 4 Personen

Spanferkel
1/2 Spanferkelrücken
120 g Stopfleber
150 g Geflügelfarce
120 ml Spanferkelsoße

Geflügelfarce
100 g Poulardenbrustfleisch
60 g Sahne
1 EL gehackte Kräuter (Petersilie, Kerbel, Thymian)
1 EL gehackte Pistazien
10 ml Sherry
Salz und Pfeffer aus der Mühle

Fond für die Schwarte
1 l Wasser
1 Zwiebel
2 Lorbeerblätter
5 Nelken
5 Wacholderbeeren
30 g Pökelsalz
10 weiße Pfefferkörner
Butterschmalz

Die Schwarte vom Spanferkelrücken komplett lösen und einen Teil der Schwarte in ein 15 x 15 cm großes Stück schneiden und in der Bouillon ca. 20 Minuten weich köcheln. Von den parierten Rückenfilets 4 Koteletts schneiden. In Olivenöl von beiden Seiten anbraten und ca. 15 Minuten bei 110°C im Ofen ziehen lassen. Dann die Blutwurstkruste auflegen und im Salamander überkrusten. Die Stopfleber in 4 gleich große Medaillons schneiden, würzen, mehlieren und in einer Teflonpfanne medium braten.

Für die Geflügelfarce das Poulardenfleisch klein schneiden und mit Salz und Pfeffer anwürzen, anschließend im Froster oder Tiefkühlschrank anfrieren. Zusammen mit der kalten Sahne und dem Portwein im Kutter zu einer feinen Farce mixen. Durch ein Sieb streichen und mit den Kräutern und Gewürzen abschmecken.

Für den Fond die Zwiebel mit dem Lorbeer und Nelken spicken. Wasser mit den Gewürzen und Zwiebeln aufkochen lassen, Schwarte hinzufügen und weich kochen.

Spanferkel

Die abgekühlte Schwarte von Fleisch und Fettresten befreien und auf Frischhaltefolie auslegen. Farce auf die Schwarte auftragen, die Enden zueinanderklappen und zu einer runden Walze in Form bringen. Die Walze fest in die Folie eindrehen und anschließend in Alufolie einschlagen und die Enden zusammendrehen. Die gefüllte Spanferkelrolle im Schwartenfond nochmals bei ca. 80°C 20 Minuten pochieren. Anschließend abkühlen lassen. Die kalte Spanferkelrolle aus der Folie schlagen und in 4 Stücke schneiden. Die Tranchen mehlieren und in Butterschmalz leicht bräunen.

Für die Spanferkelsoße die zerkleinerten Knochen und Wurzelgemüse mit Olivenöl anrösten. Tomatenmark, Knoblauch, Lorbeer, Thymian, Rosmarin zufügen und mit dem Rotwein mehrmals ablöschen und abglänzen. Mit dem Schwartenfond auffüllen und ca. 2,5 Stunden köcheln lassen. Durch ein Haarsieb passieren und mit Senf, Salz, Pfeffer und frisch gehacktem Majoran abschmecken. Zur Bindung evtl. etwas Stärke hinzufügen.

Für die Kruste die Schalotten in Butter glasig dünsten. Die klein gewürfelte Blutwurst anschwitzen und zerlaufen lassen, mit dem Weißbrot binden. Mit Salz, Pfeffer, Parmesan und Schnittlauch abschmecken. Zwischen zwei Seiten Backpapier auf die gewünschte Stärke ausrollen und kaltstellen. Dann in die gewünschte Größe schneiden und auf die Spanferkelkotelettes legen.

Spanferkelsoße
300 g Spanferkelknochen und Parüren
je 50 g Zwiebeln, Sellerie, Karotten, Petersilienwurzel
200 ml Schwartenfond
2 EL Olivenöl
2 Knoblauchzehen
2 Lorbeerblätter
1 Thymianzweig
1 Rosmarinzweig
1 EL gehackter Majoran
20 g Tomatenmark
100 ml Rotwein
Senf
Salz , Pfeffer

Blutwurstkruste
60 g frisch geriebenes Weißbrot
100 g geräucherte Blutwurst
50 g Butter
1 Schalotte, in Würfel geschnitten
30 g Parmesan, fein gerieben
1 TL Schnittlauch
Salz, Pfeffer

Für die Kartoffelsandwiches die Kartoffeln in Salzwasser abkochen und durch die Kartoffelpresse drücken. Die warme Brühe mit den Erbsen ganz fein mixen und unter die Kartoffeln geben, dann abschmecken. Den Toast in vier gleiche Dreiecke schneiden. Je eine Ecke mit dem Erbsenschaumpüree ca. 1 cm füllen und eine zweite Ecke daraufgeben. Diesen Kartoffelsandwich bei geringer Hitze in Butter langsam goldgelb backen.

Für die Chilikarotten die Fingermöhren waschen, schälen und nochmals waschen. Das Grün der Möhren kurz über dem Stielansatz abschneiden. Die Karotten in Salzwasser gut bissfest blanchieren, danach sofort in Eiswasser abschrecken. Butter und Zucker in einem Topf erhitzen, die Möhren darin schwenken und abschmecken. Den Möhrensaft auf die Hälfte reduzieren, abschmecken und mit etwas kalter Butter aufmontieren, Chili je nach „Wunschschärfe“ dazugeben und die Fingermöhren damit leicht nappieren.

Das überkrustete Spanferkelkotelett und das Spanferkelmedaillon auf vorgewärmte Teller arrangieren mit der abgeschmeckten Spanferkelsoße verfeinern. Die Karotten und die Sandwiches anlegen und garnieren.

Kartoffelsandwiches
200 g Kartoffeln, geschält, gekocht und ausgedämpft
200 g TK-Erbsen
50 ml Geflügel- oder Gemüsebrühe
2 Scheiben Buttertoast
Muskat
Butter
Salz, Pfeffer

Chilikarotten
2 Bund Fingermöhren mit Grün
30 g Zucker
Butter
100 ml Möhrensaft aus dem Reformhaus
Chili
Chilifäden
Salz, Pfeffer

DIES UND DAS VON DER BIRNE

Zutaten für 4 Personen

Quark-Birnen-Soufflé
200 g Quark
4 Eigelb
abgeriebene Schale von 1/2 Zitrone
4 Eiweiß
30 g Zucker
50 g gesüßtes Birnenmark
1 Vanilleschote
Butter und Zucker für die Förmchen

Birneneis
200 ml Birnenmark
100 ml Weißwein
10 ml Williamsgeist
100 ml Läuterzucker
1 Eiweiß

Birnenespuma
300 g Birnenmark
100 ml Birnensaft
2 Blatt Gelatine
10 ml Birnengeist

Für das Quark-Birnen-Soufflé den Quark ausdrücken und mit Birnenmark, Eigelb und Vanille verrühren und die abgeriebene Schale der Zitrone hinzugeben. Eiweiß und Zucker zu weichem Schnee schlagen – der Schnee darf nicht flockig sein – und vorsichtig unter die Quarkmasse heben.

Wasser zum Sieden bringen, die Förmchen mit Butter ausstreichen und komplett mit Zucker ausstreuen, die Soufflémasse einfüllen und in ein feuerfestes hohes Gefäß stellen, das heiße Wasser bis drei Viertel der Förmchen-Höhe auffüllen und dann im Ofen bei 250°C ca. 15 bis 18 Minuten garen.

Für das Birneneis das Eiweiß leicht schaumig anschlagen und mit allen anderen Zutaten gut mischen. Für ca. 45 Minuten in die Eismaschine geben.

Für die Birnenespuma den Saft erhitzen und die eingeweichte Gelatine auflösen. Den Birnengeist und den Saft unter das Birnenmark geben, anschließend in einen Sahne-Siphon füllen und kaltstellen.

Für die Birnencannelloni den Strudelteig auf der Arbeitfläche mit flüssiger Butter einstreichen und mit Puderzucker bestreuen. 4 Rechtecke à 6 x 14 cm schneiden und um eine gefettete, etwa 4 cm dicke Metallstange (Ananasausstecher) wickeln. Bei 210°C etwa 6 Minuten im Ofen backen. Am besten die Strudelcannelloni warm von der Stange lösen und abkühlen lassen.

Das Birnenmark mit dem Zucker und dem Eiweiß unter ständigem Rühren auf 50°C erwärmen und darin die eingeweichte und gut ausgedrückte Gelatine auflösen. Danach kaltrühren und mit Williamsgeist aromatisieren. Die Masse auf Eis kalt werden lassen und den geschlagenen Rahm unterziehen. Ca. 2 Stunden durchkühlen lassen. Die gestockte Masse mit Spritzbeutel in die Cannelloni füllen.

Für die Birnenkugeln die Birnen schälen und mit einem Ausstecher 24 Kugeln ausstechen. Rotwein mit der Hälfte des Zuckers, einer halben Zimtstange und der Hälfte des Zitronensafts bzw. der Schale aufkochen. Die Hälfte der Birnenkugeln einlegen und weich garen. Über Nacht im Gewürzsud ziehen lassen, damit sich die Aromen voll entfalten. Mit dem Weißwein genauso verfahren.

Karamellisierte Birnencannelloni
100 g hauchdünner Strudelteig (tiefgefroren)
1 EL zerlassene Butter
Puderzucker
100 g Birnenmark
50 g Zucker
1 Eiweiß
2 Blatt Gelatine
10 ml Williamsgeist
200 ml steif geschlagene Sahne

Pochierte Williams-Birnenkugeln
2 große Birnen
100 ml Rotwein
100 ml Weißwein
100 g Zucker
Saft und abgeriebene Schale von 1 Zitrone
1 kleine Zimtstange

Birnentarte
2 kleine Birnen
Weißweinfond (siehe Birnenkugeln)
150 g Blätterteig (TK)
1 Eigelb
Puderzucker

Für die Birnentarte die Birnen schälen, halbieren und entkernen. Die Birnenhälfen im Weißwein-Fond einlegen und weich garen, anschließend abkühlen und in Fächer schneiden. Den Blätterteig in Form einer kleinen Birnenhälfte schneiden, mit dem Eigelb einpinseln und im Backofen bei 210°C 12 Minuten blind backen. Die abgekühlten Blätterteigbirnen aufschneiden. Auf die untere Hälfte den Birnenfächer legen, die andere Hälfte Blätterteig als Deckel benutzen. Die Blätterteigbirnen mit Puderzucker bestäuben und unter dem Salamander oder im Backofen bei Grilltemperatur auf dem höchsten Einschub kurz karamellisieren.

Alle Dessertbestandteile auf einem großen Teller anrichten.

TRADITION VERSUS FUSION

Stile miteinander verschmelzen – das ist das Konzept: Gregor Marx begeistert sich für das Asiatische, er hat auf seiner Wanderschaft viele interessante Produkte in Japan und Hongkong kennen gelernt und von großen Küchen in London und in der Schweiz Originelles für seine eigene Küche übernommen: So finden sich im Alten Speicher die einfallsreichsten Kompositionen – neben den traditionellen Gerichten aus der Region.

Der Alte Speicher ist eine echte bergische Stube mit Fachwerk und gemütlichem Ambiente. Bevor Gregor Marx und seine Frau Heide die „Dorfkneipe" Anfang 2004 übernahmen, waren die Spezialität des Hauses noch Schnitzel. In Reminiszenz an diese alte Zeit findet es sich dort auch heute noch – wenn auch in wesentlich anderer Zubereitung! –, aber die Karte hat sich seither grundlegend geändert: geprägt von eben jener Fusion aus Neuem und Traditionellem, die sie spannend und ein wenig exotisch macht.

Nicht nur in der Auswahl der Zutaten und Gewürze, sondern auch in der Komposition der Gerichte verschmelzen hier Einflüsse verschiedener Kulturen. So ist die ästhetische und klare Weise des Anrichtens von der japanischen Kultur inspiriert, und ein englischer Einfluss lässt sich durch die fünf verschiedenen Garpunkte der Steaks und vor allem durch das ausgeprägte Angebot an hausgemachten Tees vermuten. In der kalten Jahreszeit wird sogar ein echter „five o'clock tea" mit Gebäck und Sandwiches offeriert. Wenn man so will: eine britische Teetafel mit allem Dröm on Dran.

Das Ehepaar Marx freut sich besonders darüber, dass so mancher Gast die Veränderung des alten Speichers mitgemacht hat und die Küche mit den originellen Einschlägen aus aller Welt zu schätzen weiß. Die oft wechselnde Karte und die Verschmelzung der verschiedenen Kochstile bringen schließlich viel Abwechslung – für den Gast und für den Koch.

SÜSSKARTOFFELBROT MIT KUMIN

Rezept für 4 kleine Brote à 400 g
500 g Süßkartoffeln (Orange Flesh)
400 ml Vollmilch
20 g frische Hefe
150 ml warmes Wasser (die Hefe darin auflösen)
800 g Mehl T550
20 g Salz
5 g Kumin (Kreuzkümmel)

Die Süßkartoffeln schälen und in 2 cm große Würfel schneiden. In der Milch für ca. 30 Minuten weich garen und anschließend zu einem Püree stampfen. Mehl, Salz und Cumin in der Knetmaschine auf kleiner Stufe vermischen. Das Süßkartoffelpüree und das Hefewasser hinzufügen und zunächst auf kleiner, dann auf höchster Stufe zu einem homogenen Teig kneten. Den Teig in der Rührschüssel, mit einem Tuch abgedeckt, ca. 30 Minuten an warmer Stelle (z.B. neben dem Herd) ruhen lassen.

Den aufgegangenen Teig „zusammenschlagen" und nach innen kneten. Noch einmal 20 Minuten gehen lassen. Anschließend erneut verkneten und schließlich zu vier Broten formen. Mit Wasser besprühen, mit Mehl abstäuben und die Brotoberseite mit einem scharfen Messer kreuzweise einritzen. Zunächst noch einmal bei ca. 40 bis 50°C ca. 20 Minuten aufgehen lassen. Anschließend bei 200°C ca. 20 Minuten backen.

Tipp: *Beim Kochen der Kartoffeln überträgt sich der Geschmack von Milch und Süßkartoffel gegenseitig: Die Milch beim Stampfen vollständig verarbeiten und nicht abschütten!*

Kartoffelbrot

AUF SÜSSHOLZ GESCHMORTE SCHWEINS-BÄCKLE

MIT CHOY SUM, APFELBALSAMJUS UND CONFIT VON DER LA RATTE-KARTOFFELN

Die Schweinsbäckle von der Silberhaut befreien, mit Pfeffer und Salz würzen, mit Mehl abstäuben. In einem Bräter Möhre, Zwiebel, Sellerie, Lauch und die Kräuter anbraten und mit Apfelsaft, Kalbsfond und Balsamico auffüllen. Dann die angebratenen Bäckle und das Süßholz hinzufügen und ca. 80 Minuten bei 200°C schmoren.

Das Fleisch mit eine Zange aus dem Sud nehmen und den Fond um die Hälfte einkochen und durch ein feines Sieb passieren.

Tipp: *Garen Sie das Gemüse gut gewaschen mit seiner Schale, dann bleiben die guten Vitamine erhalten.*

Tipp: *Das Süßholz ein wenig aufhacken, damit sich das Aroma entfalten kann.*

Den Choy sum waschen, gegebenenfalls von schlechten Blättern befreien und in 6 cm lange Stücke schneiden. Dabei die Wurzel- und Blattenden nicht verwenden. In Mirin weich dünsten und würzen.

Zutaten für 4 Personen

Geschmorte Schweinsbäckle

1,2 kg Schweinsbäckle
8 Stück Süßholz (im guten Kräuterfachhandel erhältlich)
2 Möhren, grob geschnitten
1 kleine Stange Lauch, grob geschnitten
1 Zwiebel, grob geschnitten
200 g Sellerie, grob geschnitten
2 Zehen Knoblauch
je 3 Zweige Thymian, Rosmarin, Estragon
1 l Apfelsaft
150 ml Balsamico
1 l brauner Kalbsfond
Maldon Meersalz
Pfeffer aus der Mühle
etwas Olio di Sansa
Mehl zum Abstäuben

Choy sum

800 g Choy sum (Brassica rapa) (oder auch Bok Choy – beides erhältlich im Asia-Laden)
etwas Mirin (süßer Reiswein – ebenfalls im Asia-Laden erhältlich)
Maldon Meersalz, alternativ: normales Meersalz

Schweinsbäckle

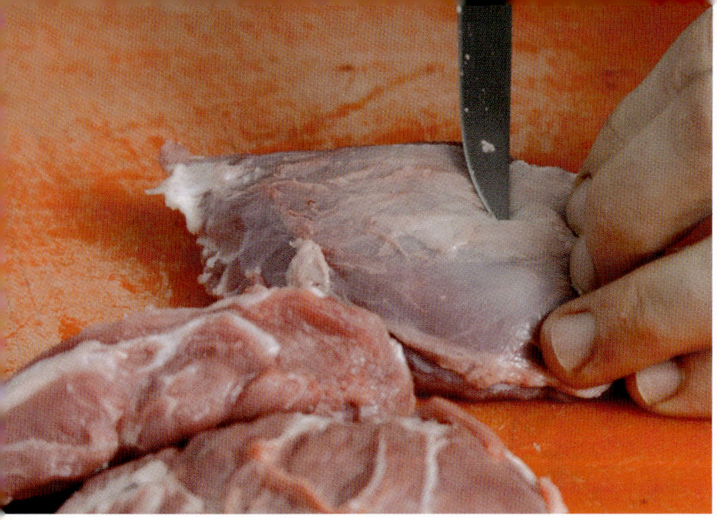
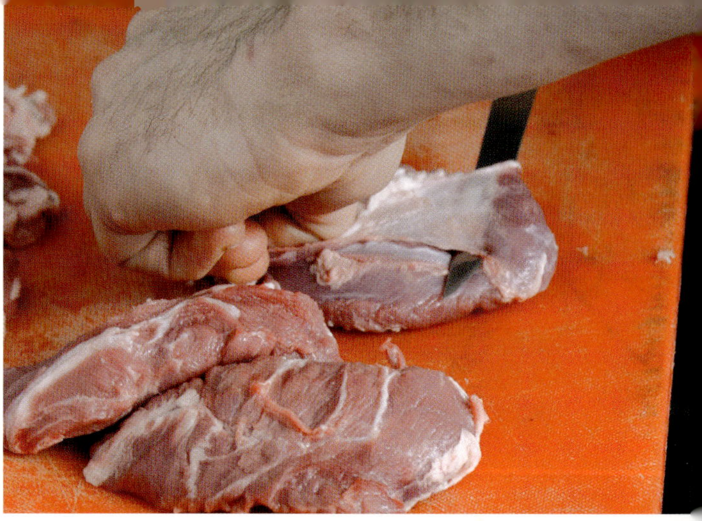

Für das Confit die Kartoffeln olivenförmig zuschneiden und gewaschen in einen Topf geben. Thymian hinzufügen und mit dem Gänseschmalz bedecken. Im Ofen bei 150°C für 45 Minuten garen. Darauf achten, dass das Fett nicht heißer als 90°C wird.

Tipp: Die Kartoffeln an den Enden flach schneiden, sodass sie für eine schöne Garnitur auf dem Teller aufrecht stehen können.

Confit von Kartoffeln La Ratte
1,8 kg Kartoffeln La Ratte (oder Charlotte, auf jeden Fall festkochend)
1 kg Gänseschmalz
5 Zweige Thymian
etwas Maldon Meersalz,
alternativ: normales Meersalz

KOKOSMILCHREIS

MIT SCHOKOLADENSORBET UND JOHANNISBEERKOMPOTT

Zutaten für 4 Personen

Kokosmilchreis
150 g Rundkornreis
300 ml Wasser
130 g Zucker
1 l Kokosmilch
1 Prise Salz
Samen von 1/2 Vanillestange

Schokoladensorbet
90 g Zucker
160 ml Wasser
160 g dunkle Schokolade (mindestens 50 % Kakaobestandteile), z.B. Valrhona Guanaja 70 % oder Cacao Barry St. Domingue 70 % Ursprungsernte

Johannisbeerkompott
250 g frische Johannisbeeren
100 g Zucker
100 ml Wasser
etwas Minze

Für den Kokosmilchreis alle Zutaten mischen und langsam zum Kochen bringen. Ca. 30 bis 40 Minuten bei regelmäßigem Rühren köcheln lassen.

Für das Schokoladensorbet Zucker und Wasser mischen und zum Kochen bringen und für 2 Minuten köcheln lassen. Sicherstellen, dass sich der Zucker vollständig aufgelöst hat. Die Schokolade in der Küchenmaschine zerkleinern. Während die Maschine langsam auf kleiner Stufe läuft, den warmen Zuckersirup der Schokolade hinzufügen und emulgieren lassen.

Die Schokoladenmasse komplett abkühlen lassen und in der Eismaschine abfrieren. Alternativ stehend für ca. 10 Stunden in die Gefriertruhe geben.

Tipp: *Je höher der Kakaobestandteil der Schokolade, umso kräftiger schmeckt das Eis.*

Für das Johannisbeerkompott den Zucker in einem Topf leicht karamellisieren, mit dem Wasser auffüllen und zur Hälfte einkochen. Anschließend über die rispenfreien Johannisbeeren gießen.

Mit Minze garnieren.

Milchreis

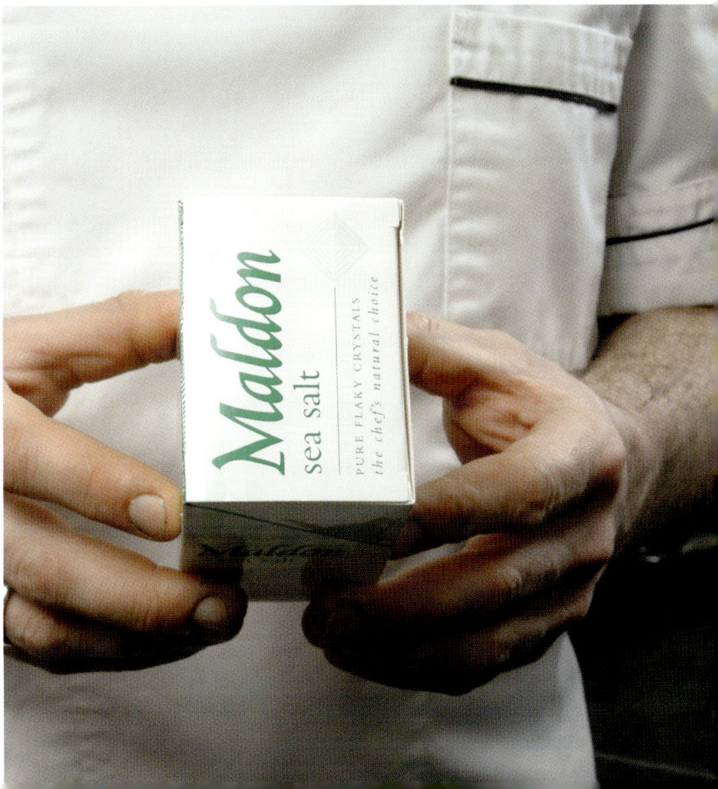
Maldon
sea salt
PURE FLAKY CRYSTALS
the chef's natural choice

DAHINTER STECKT EIN KLUGER KOPF ...

Man könnte meinen, er sei direkt aus Frankreich nach Wipperfürth gekommen: Er ist ein Lebemann mit Locken und Leidenschaft – Barett und Moustache bildet man sich förmlich ein, weil es so gut passen würde. Dabei ist Christian Potthoff ein echter bergischer Junge, der in Wipperfürth geboren wurde und seit 1993 mit Unterstützung seiner Mutter Ilse Potthoff zunächst Christians Restaurant betrieb und nun Christians Gasthaus zur Neyetalsperre eröffnet hat. Die Atmosphäre bei ihm ist vor allem eins: sehr persönlich.

Christian Potthoff ist vielseitig interessiert, verfolgt die Tagespresse mit besonderem Interesse und freut sich über die Bezeichnung als ‚kluger Kopf'. Wenn er nicht Koch geworden wäre, so würde man ihn heute als Journalist kennen. Etwas davon hat er auch verwirklicht: Er schreibt für ein Lokalblättchen Kolumnen zu gastronomischen und kulinarischen Themen. Aber er wurde Koch und hat nach seiner Ausbildung in der Traube Tonbach etwas Ungewöhnliches gemacht: Er ist freiwillig zurückgegangen, und hat verlockende Angebote ausgeschlagen und schließlich den schwierigsten, aber für ihn einzig wahren Weg zur Selbständigkeit eingeschlagen. Und dort konnte er mit Hilfe seiner Mutter nach eigener Façon richtig Gas geben: „Ich glaube, man merkt mir an, dass ich Speed mache" – und das drückt sich nicht zuletzt in den schnellen Autos aus, die er liebt.

Christian Potthoff wirbelt in der Küche, kocht ‚frei nach Schnauze', knufft zwischendurch seinen Azubi und zaubert ganz nebenbei – so wirkt es – traumhafte Menüs und Gerichte für seine Gäste. Seine Mutter übernimmt den wichtigen Part außerhalb der Küche. Sie sorgt für die Tischwäsche, die Dekorationen und den guten Service und ist immer mit besonderer Herzlichkeit für ihre Gäste da – und für ihren Sohn. Vor der Eröffnung hat sie branchenfremd gearbeitet – heute gibt sie dem Restaurant eine Seele. Sie hat damals nur helfen wollen, inzwischen wäre Christians Restaurant ohne sie nicht das, was es ist.

Christian Potthoff

GEBRATENER SAIBLING

MIT ROTE-BEETE-PÜREE UND KARTOFFELBEURREBLANC

Den Fisch im mittelheißen Fett in der Pfanne auf der Hautseite ganz langsam braten. Einmal kurz umdrehen und die andere Seite nun für einen Augenblick braten. Der Fisch wird vom Rand her zunehmend fester und färbt sich weißlich. Drehen Sie ihn, kurz bevor er gar ist, noch einmal ganz kurz um.

Tipp: *Räuchern Sie den Saibling, bevor Sie ihn anbraten. Nehmen Sie dafür einen alten Topf und zünden Sie Buchenholz darin leicht an, sodass sich Rauch entwickelt. Fügen Sie Rosmarin oder im Frühjahr Maikräuter hinzu. Hängen Sie die Fischfilets für 2 Minuten in den Rauch (z.B. mit einem Sieb).*

Für das Rote-Beete-Püree die Rote Beete in Salzwasser kochen, pellen und anschließend mit etwas Zucker, Salz und dem Weißwein pürieren. Kurz vorm Servieren vorsichtig erwärmen (z.B. im Wasserbad).

Für die Kartoffelbeurreblanc die Brätlinge schälen, weich kochen und anschließend zerdrücken. Die Kartoffelmasse mit den Flüssigkeiten und den übrigen Zutaten vermengen und aufmixen.

Die Mangoldblätter mit Salz und Olivenöl für ein paar Sekunden in einer Pfanne anschwitzen.

Zutaten für 4 Personen

Saibling
2 Saiblinge, filetiert
Olivenöl zum Braten

Rote-Beete-Püree
2 Rote Beete
50 ml Weißwein
1 EL Olivenöl
1 Prise Zucker
Salz

Kartoffelbeurreblanc
2 kleine Brätlinge (Bamberger Hörnchen)
20 g Butter, handwarm
20 ml Weißwein
50 ml Sahne
20 ml Geflügel- oder Kalbsfond
1 EL Olivenöl
Salz, Pfeffer aus der Mühle

Für die Garnitur
4 Blätter Mangold

Saibling

SCHWEINEFILET MIT SCHWARZBROTKRUSTE

DAZU WALNUSS-RAVIOLI, GRÜNKOHL SÜSS-SAUER UND CONFIERTE ZWIEBELN

Das Schweinefilet salzen und mehlieren und bei mittlerer Hitze kurz anbraten. Anschließend bei 200°C im Backofen gar werden lassen (nicht durchbraten!). Das Brot zerkrümeln und mit dem Eigelb und dem Parmesan verquirlen. Das Fleisch mit der Schwarzbrotkruste bestreichen, mit Olivenöl beträufeln und bei Oberhitze kurz in den Backofen stellen.

Tipp: Fügen Sie das Eigelb nur nach und nach zu und verwenden Sie es nicht unbedingt ganz. Es dient nur zur Bindung, die Masse sollte nicht nass sein.

Für die confierten Zwiebeln die Schalotten mit Weißwein und Kalbsfond bedecken, einen guten Schuss Olivenöl und je eine Prise Salz und Zucker hinzufügen und gar kochen.

Tipp: Setzen Sie die Schalotten mit Schale auf. Das gibt mehr Geschmack und eine schöne Farbe.

Den Grünkohl waschen, den Strunk entfernen und klein hacken. Den Zucker in einer Pfanne karamellisieren, den Grünkohl daraufgeben und mit Essig, Wasser und Weißwein ablöschen und leicht köcheln lassen.

Zutaten für 4 Personen

Schweinefilet
ca. 800 g Schweinefilet
50 g trockenes Schwarzbrot
50 g trockenes Fenchelbrot oder Roggenbrot
20 g Parmesan, gerieben
1 Eigelb
Mehl
Salz, Pfeffer aus der Mühle

Confierte Zwiebeln
4 Schalotten
Weißwein
Kalbsfond
Olivenöl
Salz, Zucker

Grünkohl süß-sauer
300 g Grünkohl (ungeputzt)
20 g Zucker
30 ml Balsamessig
Weißwein
Wasser

Schweinefilet

Ravioli
200 g Mehl
1 Ei
1 Eigelb
20 g Milch
20 ml Öl
5 g Salz
gehackte Walnüsse für die Füllung

Für die Ravioli alle Zutaten vermengen, kneten und für 2 Stunden bei kühler Temperatur ruhen lassen. Den Teig nach dem Ruhen nochmals kneten, ausrollen und zu Ravioli formen. Mit den gehackten Walnüssen füllen und verschließen. Die Ravioli für ca. 2 bis 3 Minuten kochen.

Tipp: *Kochen Sie die Ravioli im Sud der Schalotten. Sie bekommen dadurch einen angenehmen, würzigen Geschmack – und etwas Farbe.*

APFELKÜCHLEIN MIT VANILLEEIS

Zutaten für 4 Personen

Apfelküchlein
4 Granny Smith, geschält und in Scheiben geschnitten
1/2 Vanilleschote
1 Prise Salz
1 Ei
160 g Instant-Mehl
120 ml Milch
Butter

Vanilleeis
1 l Sahne
200 g Zucker
10 Eigelb
1 Vanilleschote

Für die Apfelküchlein aus dem Mehl, der Milch und dem Ei einen Teig herstellen und mit der Vanille und dem Salz würzen. Eine Pfanne mit Butter ausstreichen, mit dem Apfel belegen und den Teig darübergeben. Bei 200°C für ca. 10 Minuten backen.

Für das Vanilleeis Ei und Zucker schaumig rühren. Sahne erhitzen und, sobald sie kocht, vom Herd nehmen. Den Eizucker mit der warmen Sahne löffelweise angleichen und gut verrühren. Anschließend die Masse auf dem Herd zur Rose abziehen. Die Masse zusammen mit dem Vanillemark in die Eismaschine geben.

Apfelküchlein

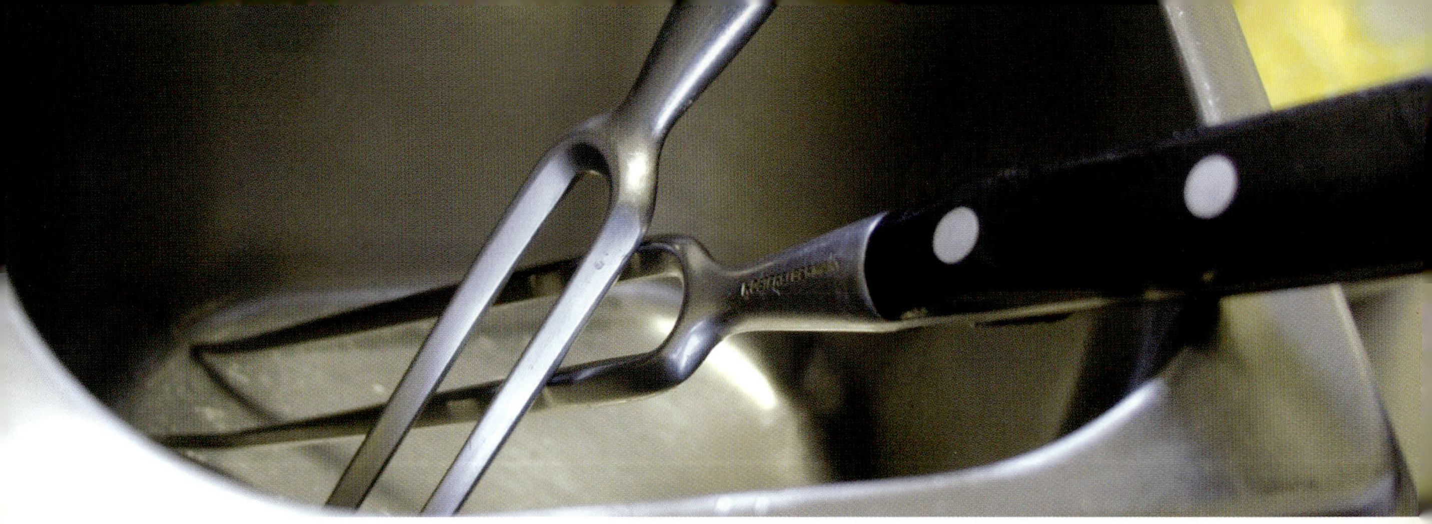

Christian's Restaurant

Mobil
DECEMBER
Audi
Reissdorf Kölsch
MALDIVE ISLANDS

Lebkuchen
300g

„ER WAR GANZ SCHÖN ÜBERRASCHT, ALS ER MICH SAH!“

Das ist seine Antwort auf die Frage, ob er den Hirschen etwa persönlich kennen gelernt habe, bevor er ihn in seiner Küche verarbeitete: Lutz Schmand liebt es, mit Freunden auf die Jagd zu gehen! Und wenn er tatsächlich einen Hirschen erlegt, hält er ihn selbstverständlich seinen Gästen im Husaren nicht vor – dann gibt es „Selbsterlegtes“. Irgendwie passt das zur ehrlichen Atmosphäre in diesem traditionsreichen Haus.

Lutz Schmand hat zusammen mit seiner Frau vor über 25 Jahren das Restaurant „am Husar“ übernommen und legt sehr viel Wert auf Tradition. Das betrifft seine bergische Küche, die er mit internationalen Standards originell zu variieren weiß. Das zeigt sich aber vor allem in vielen, kleinen Details: in der Liebe für die Berufsbekleidung, mit der er der Notwendigkeit einer tadellosen Erscheinung als Koch nachkommt, in dem über 70 Jahre alten Bräter seiner Großmutter, den er nach wie vor regelmäßig für die „Geburt“ von Soßen einsetzt, und in der Pfeffermühle, die ihn seit seiner Lehre begleitet – und die er lieber immer wieder flickt als ersetzt.

Wichtig für Traditionen ist selbstverständlich auch die Familie; und die Schmands betreiben nicht nur einen Familienbetrieb, sie sind sogar eine richtige Koch-Familie: Monika Schmand hat eine Ausbildung als Köchin und kümmert sich mit Vorliebe um die Nachspeisen, und Sohn Michael wählte ebenfalls diesen Beruf – er befindet sich zurzeit auf seinen „Wanderjahren“ in der weiten Welt. Für Lutz Schmand ist die Wahrung von Werten – und Qualität – der Garant für Erfolg, denn heutzutage bedeutet es schließlich viel, wenn Gäste ihre kostbare Zeit in einem Restaurant verbringen.

Lutz Schmand

SCHEIBEN VON DER ENTENBRUST
HAUCHDÜNN GESCHNITTEN, MIT STEINPILZMARINADE

Zutaten für 4 Personen

Entenbrust
1 frische Entenbrust
Salz, Pfeffer

Marinade
ca. 20 g getrocknete Steinpilze, im kalten Wasser eingeweicht
1 Schalotte, geblättert
1 mittlere Knoblauchzehe, in dünne Scheiben geschnitten
250 ml Rapsöl
125 ml Olivenöl
1 kleine Tomate, klein gewürfelt
Tabasco
Chilipfeffer
glatte Petersilie, geschnitten
Salz, Pfeffer aus der Mühle

Entenbrust auf der Hautseite einritzen, würzen und von beiden Seiten je ca. 7 Minuten auf nicht zu hoher Hitze goldbraun braten, auf einem Küchenpapier abtropfen und abkühlen lassen.

Für die Marinade Rapsöl und Olivenöl in einer Pfanne erhitzen, Schalottenblätter und Knoblauchscheiben hineingeben, mit Salz, Pfeffer, Tabasco, Chilipfeffer kräftig würzen und goldgelb braten. Auf ein Sieb gießen und abtropfen lassen, das Öl auffangen und wieder zurück in die Pfanne geben. Dann die eingeweichten, abgetropften Steinpilze hineingeben, noch einmal mit Salz und Pfeffer würzen. Leicht anbraten, ebenfalls auf ein Sieb abgießen, abtropfen und abkühlen lassen, das Öl als Marinade auffangen.

Die abgekühlte Entenbrust dünn aufschneiden, leicht salzen und pfeffern. Wenn Pilze, Zwiebeln und Knoblauch ebenfalls abgekühlt sind, alles zusammenfügen und die Entenbrustscheiben mit der Steinpilzölmarinade bestreichen, mit Tomatenwürfeln und Petersilie bestreuen.

Entenbrust

HIRSCHROULADEN

MIT SELLERIEGEMÜSE UND REIBEPLÄTZCHEN

Für die Füllung der Hirschrouladen den Speck, die Schalotten und die Pilze glasig anschwitzen, Kräuter hinzugeben und erkalten lassen. Mit Hackfleisch und den Eiern vermengen.

Die Hirschrouladen in Klarsichtfolie plattieren, damit das Fleisch nicht zerreißt. Mit Salz und Pfeffer würzen und mit dem Senf bestreichen. Jeweils mit 1 Scheibe magerem Speck und 1 Löffel Hirsch-Pilzmasse belegen, zusammenrollen und mit einer Kordel zusammenbinden. Salzen, pfeffern, mehlieren und in einer Pfanne mit Butterfett anbraten.

Für die Soße Hirschknochen goldbraun anbraten, das Röstgemüse und das Tomatenmark hinzugeben und mitrösten. Mit Rotwein ablöschen und die Gewürze hinzufügen. Nun mit Wasser auffüllen, sodass alle Knochen bedeckt sind und ca. 1 bis 2 Stunden kochen.

Tipp: *Rösten Sie das Gemüse goldbraun an und geben Sie zum Schluss das Tomatenmark hinzu. Die Röststoffe sind wichtig für den Geschmack.*

Tipp: *Wenn keine Knochen vorhanden sind, funktioniert es auch mit einem guten Wildfond.*

Zutaten für 4 Personen

Hirschrouladen
4 dünne Scheiben von der Hirschoberschale (ca. 120-150 g)

Für die Füllung
ca. 50 g Schalotten, gewürfelt
ca. 50 g Speck, gewürfelt
4 Scheiben magerer Speck
1 guter EL Champignons, klein gehackt
1 guter EL Pfifferlinge, klein gehackt
2 Eier
100 g Hirschhackfleisch
Dijonsenf oder Pommerysenf
Rosmarin
Thymian
Muskat
Butterfett
Salz, Pfeffer

Für die Soße
Röstgemüse (50 g Zwiebel, 50 g Sellerie, 50 g Möhre)
250 ml Rotwein
250 ml Wasser
1 TL Tomatenmark (ca. 10 g)
2 Blatt Lorbeer
3 Wacholderbeeren
5 Pfefferkörner
1 Nelke
Rosenpaprika

Hirschrouladen

Die angebratenen Hirschrouladen in einen Topf geben und die Sauce auf die Rouladen gießen – dabei darauf achten, dass die Rouladen bedeckt sind, notfalls mit ein wenig Wasser aufgießen. Nun für ca. 2 Stunden mit geschlossenem Deckel köcheln lassen. Anschließend die Rouladen herausnehmen und die Sauce passieren. Mit Sahne verfeinern und bei Bedarf noch einmal mit den Gewürzen abschmecken.

Tipp: Nutzen Sie den Topf, in dem Sie bereits die Zutaten für die Sauce angebraten haben.

Sellerie in Salzwasser gar kochen. Eine Mehlschwitze herstellen und mit dem Selleriefond auffüllen, bis eine cremige Sauce entsteht (Bechamel). Mit Salz, Pfeffer, Muskat abschmecken und mit Sahne verfeinern. Zum Schluss die Selleriewürfel in die fertige Sauce geben.

Für die Reibeplätzchen Zwiebel, Gewürze, das Ei und das Mehl vermengen und zu den geriebenen Kartoffeln hinzugeben. In einer Pfanne mit heißem Öl löffelweise die Kartoffelmasse hineingeben und die Reibeplätzchen goldgelb backen.

Selleriegemüse
1 dicke Knolle Sellerie, gewürfelt
50 g Butter
50 g Mehl
ein Schuss frische Sahne
Muskat
Salz, Pfeffer

Reibeplätzchen
4 dicke Kartoffeln, fein gerieben
1 Zwiebel, fein gerieben
1 Ei
1 gehäufter EL Mehl
Muskat
Salz, Pfeffer

KLEINER PFANNKUCHEN DRÖPPELMINNA

Zutaten für 4 Personen

Pfannkuchenteig
2 Eier
2 EL Mehl
1 Prise Salz
1 Prise Zucker
etwas Milch

Kaffeesoße
50 g Butter
50 g Zucker
10 g Kaffee, gemahlen
20 ml Rum
frische Sahne
Kaffeelikör

Für die Pfannkuchen aus den Zutaten einen cremigen Teig herstellen.

Für die Kaffesoße Butter schmelzen, Zucker dazugeben und schaumig werden lassen. Das Kaffeepulver hineingeben, mit dem Rum flambieren, flüssige Sahne hinzufügen und durchkochen lassen. Zum Schluss mit dem Kaffeelikör verfeinern.

Mit Vanilleeis servieren.

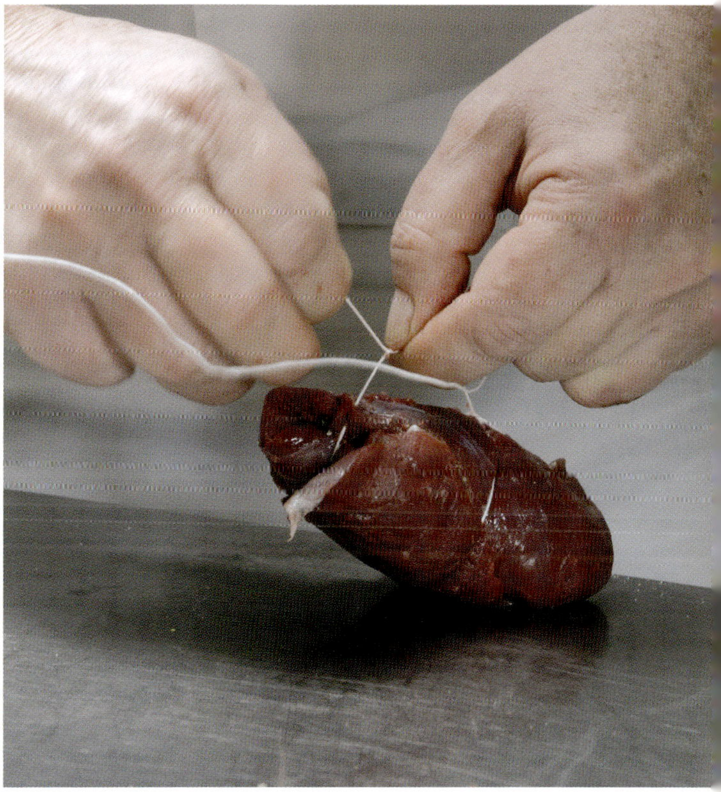

Du schmeckst mir
Giftiger Skorpion sucht hartgesottenen Krebs.
MILDE SORTE

EIN GLÜCKLICHER KOCH VOM LANDE ...

Er ist ein Idealist. Vor über zehn Jahren hat er einen kleinen Bauernhof in der Eifel gebaut. Echte glückliche Kühe leben dort. Nach eigener Aussage ist es mehr ein Hotel für Tiere als ein Bauernhof – und Wolfgang Schmitz steht mit Leib und Seele dahinter. Er ist selbst auf einem Bauernhof in dieser Gegend aufgewachsen. Als Kind hat er beim Schlachten oder am liebsten im ‚Innendienst' bei den Tieren geholfen, und es war für ihn als 12-jähriger Junge schon klar, dass er auch beruflich mit Tieren und Lebensmitteln zu tun haben wollte. Allerdings nicht als Bauer, sondern als Koch!

Aber die Landwirtschaft sollte immer seine große Leidenschaft bleiben. Heute verbindet er die Liebe zum Bauernhof mit der Liebe zu seinem Beruf aufs Feinste: Seinem hohen Anspruch an die Qualität der zu verarbeitenden Produkte wird er am besten gerecht, wenn er weiß, woher sie stammen. Das Fleisch, das er im Schmitz Jägerhaus verarbeitet, kommt zu 95 % aus der heimatlichen Eifel, und einen großen Teil davon bezieht er von seinem eigenen Bauernhof. In der dem Restaurant angebauten Metzgerei lässt er geliefertes Fleisch zerlegen und stellt Farcen, Terrinen und Brät selbst her: für den eigenen Verbrauch und für den Verkauf an qualitätsbewusste Abnehmer.

Der Anspruch an Qualität ist das, was alles miteinander verbindet: Produkte, Verarbeitung, Leistung. So sieht sich der Küchenchef trotz allen wirtschaftlichen Denkens auch in seiner Küche als Idealist: Sein größtes Bestreben ist es, die hohe Qualität zu halten und Kontinuität zu wahren. Denn der Gast hat vor allem einen Anspruch: Es muss ihm schmecken – und er will sich darauf verlassen können, dass es beim nächsten Mal wieder genauso schmeckt.

Wolfgang Schmitz

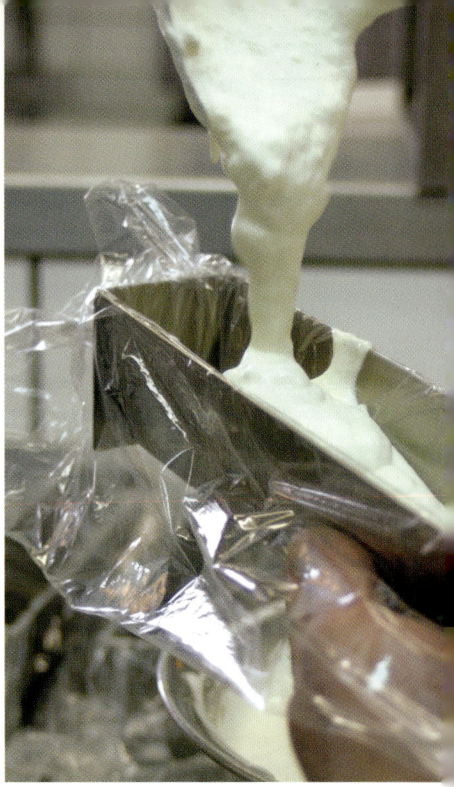

APFEL-MEERRETTICH-TERRINE

ALS AMUSE BOUCHE

Für die Apfel-Meerrettich-Terrine den Meerrettich mit der flüssigen Sahne verrühren und würzen. Apfel hinzufügen und die aufgelöste Gelatine einrühren. Zum Schluss die geschlagene Sahne unterheben und schön glattrühren. Eine gefrierfeste Form mit Frischhaltefolie auslegen, die Masse einfüllen und kühlstellen, bis sie erhärtet ist.

Tipp: *Die Gelatine darf beim Auflösen nicht zu heiß werden, deshalb wird ein Wasserbad empfohlen. Beim Verarbeiten kräftig in die Masse einrühren, da sie durch die unterschiedlichen Temperaturen sehr schnell anzieht.*

Zutaten für 4 Personen

Apfel-Meerrettich-Terrine
1/2 Apfel (Pink Lady),
in kleine Würfel geschnitten,
blanchiert (weich)
75 g scharfer Meerrettich, gerieben
250 ml frische Sahne
250 ml geschlagene Sahne
5 Blätter Gelatine
Salz, Pfeffer

SENFGURKENCREMESUPPE

Zutaten für 4 Personen

Die Suppe

2 mittlere Zwiebeln, grob geschnitten
1 Stück (ca. 50 g) Knollensellerie, grob geschnitten
150 g Senfgurke (Abtropfgewicht)
etwas Gurkenfond
500 ml Geflügel- oder Rinderbrühe
500 ml frische Sahne (30 %)
Butter

Für die Senfgurkencremesuppe Zwiebeln in Butter hell glacieren, den Sellerie und die Senfgurke so lange angehen lassen, bis nichts mehr roh ist. Mit der Brühe und der Sahne ablöschen und 20 Minuten kochen lassen. Anschließend mit dem Mixer sehr gut verrühren (am besten mit dem Thermomix) und passieren. Noch einmal erhitzen und mit den Gewürzen und dem Gurkenfond abschmecken.

Tipp: *Man braucht zum Binden von Suppen und Soßen nicht unbedingt Stärke. Hier schafft der Sellerie Substanz, tritt aber geschmacklich nicht in den Vordergrund. Gut gemixt und passiert, lässt sich so eine schöne Konsistenz von ganz allein erreichen.*

Schmitz Jägerhaus

KROSS GEBRATENE ENTE
MIT WIRSINGGEMÜSE AUF SÜSS-SAUER-SAUCE

Zutaten für 4 Personen

Ente
2 ganze Enten
Salz, weißer gemahlener Pfeffer

Wirsinggemüse
1 mittlerer Wirsingkopf ohne Strunk, fein geschnitten
30 g Speck, fein geschnitten
50 g Zwiebel, fein geschnitten
Butter
80 ml Sahne
20-30 ml Milch
Salz

Für die Soße
etwas Geflügeljus
Balsamico
Johannisbeergelee
Butter

Die Enten würzen. In den auf 165°C vorgeheizten Backofen schieben und für 1 Stunde langsam garen lassen. Nach einer halben Stunde ein mit Wasser gefülltes Backblech mit in den Ofen schieben, damit für den Rest der Zeit eine feuchte Wärme entsteht. Nach dem Garen die Ente tranchieren, Knochen auslösen und das Fleisch warmstellen.

Den Wirsing nur kurz in Salzwasser porchieren und mit Eiswasser abschrecken. Zwiebeln und Speck in Butter hell anschwitzen, mit Sahne und Milch ablöschen und stark aufkochen lassen. Die Flüssigkeit gut mixen und erst kurz vor dem Servieren über den Wirsing geben.

Die im Ofen entstandene und aufgefangene Flüssigkeit der Ente zusammen mit den ausgelösten Knochen erhitzen und mit etwas Geflügeljus angießen. Balsamico und Johannisbeergelee hinzufügen und reduzieren lassen und – nachdem die Knochen entfernt sind – passieren. Mit einem Stück kalter Butter binden.

Tipp: *Die gute Qualität von Fleisch bleibt am besten erhalten, wenn man es nur langsam erhitzt.*

Entenbraten

ALTBIER-ZABAIONE MIT PFLAUMEN UND VANILLEPARFAIT

Zutaten für 4 Personen

Zabaione
2 Eier
200 ml Altbier
100 ml Weißwein
90 g Zucker
4 Eigelb

Pflaumen
320 g Pflaumen, halbiert
Portwein
Vanillepuddingpulver

Vanilleparfait
50 g Eigelb
35 g Zucker
1 Vanilleschote
125 ml geschlagene Sahne

Für die Altbier-Zabaione alle Zutaten im Thermomix auf Stufe 30 bei 70°C für 8 Minuten schaumig schlagen.

Tipp: *Es gibt keine bessere Zabaione als die, die der Thermomix schlägt. Wenn Sie dieses Gerät nicht zur Hand haben, versuchen Sie es im Wasserbad.*

Die Pflaumen erhitzen und mit Portwein ablöschen. Mit Vanillepuddingpulver andicken und für 1 bis 2 Tage im Kühlschrank ziehen lassen.

Für das Vanilleparfait Eigelb und Zucker über einem Wasserbad zur Rose aufschlagen. Vanilleschote aufschneiden und die Vanille hinzugeben. Die geschlagene Sahne erst unterheben, wenn die aufgeschlagene Masse leicht abgekühlt ist.

Zabaione

KOCHKUNST UND TAFELWESEN
HECKMANN-WORRINGS
Neues grosses Konditorei-buch

IMMEKEPPEL

MIT IMMEKEPPEL TIEF VERWURZELT

Es hat ihn in die Heimat gezogen: Bernd Selbach kehrte nach seiner Ausbildung zum Koch im Düsseldorfer Excelsior und Stationen in Bonn und Düsseldorf bald wieder ins bergische Land zurück. Schließlich werden Familie und Tradition im Landhotel Sülztaler Hof groß geschrieben: Der 31-jährige Bernd ist die fünfte Generation der Selbachs – und sein Platz in der Ahnengalerie in der Gaststube steht bereits fest.

Ein Familienbetrieb also, wie er im Buche steht: Es stecken 120 Jahre Geschichte in jedem Winkel, und man spürt förmlich, dass das Haus viel erlebt hat – nicht zuletzt durch die Umbaufreude von Josef Selbach, der sich auch ein Leben als Architekt hätte vorstellen können, wie er schmunzelnd verrät. So ist das, was ab 1883 als Gaststube, Bäckerei und Kolonialwarenhandel begonnen hat, bis heute ein facettenreiches Haus mit Feinschmecker-Restaurant, Landhotel, Kaiser-Saal und Weinverkauf – und einem kleinen Geschenkstübchen im ehemaligen Kolonialwarenladen.

In der mediterran beeinflussten Küche arbeitet Bernd Selbach eng mit seinem Vater zusammen, während Mutter Lydia draußen für die liebevollen Details sorgt – und für die besondere Herzlichkeit, die man von den Selbachs kennt. Die Großväter sind „richtige Gastwirte“ gewesen, die immer einen Scherz auf den Lippen und ein bisschen „Blödsinn“ im Kopf hatten – sie sorgten persönlich für die Unterhaltung der Gäste. Und die wären heute enttäuscht, wenn es hier nichts zu lachen gäbe!

Und noch ein bisschen mehr Tradition findet man im Hause Selbach, blickt man in eine kleine Ecke in der Küche: Dort sitzt oft Tante Elly – Bernd Selbachs Großtante liebt es sehr, dort in der Küche zu sitzen und ihrer Familie zuzuschauen.

Bernd Selbach

BERGISCHE BLUTWURST MIT KARAMELLISIERTEN APFELSPALTEN

ALS AMUSE GUEULE

Die Blutwurstscheiben mehlieren und in Öl anbraten. Zucker in einer Pfanne karamellisieren und mit Wasser ablöschen. Nun die Apfelscheiben darin leicht andünsten. Alles zusammen servieren.

Tipp: *Nehmen Sie einen Schuss Weißwein statt Wasser, das gibt eine feine Note.*

Zutaten für 4 Personen

Bergische Blutwurst
4 Scheiben Hausmacherblutwurst
60 g Zucker
40 ml Wasser
2 Äpfel (Cox Orange) in Scheiben geschnitten

Blutwurst

ROTE-BEETE-SUPPE

MIT RÄUCHERAAL UND SAHNE-MEERRETTICH

Zutaten für 4 Personen

Rote-Beete-Suppe
80 g Räucheraal
2 Rote Beete
1 TL Senfkörner
300 ml Rote Beete-Fond
200 ml Kalbs- oder Geflügelfond
1 EL Honig
500 ml Sahne
Salz, Pfeffer

Sahne-Meerrettich
50 g Meerrettich, gerieben
100 g geschlagene Sahne
1 Apfel, gerieben
1/2 Zitrone, gepresst

Für die Rote-Beete-Suppe die Rote Beete mit ihrer Schale und der Zugabe von Senfkörnern, Salz, Pfeffer und Honig kochen. Kurz vor dem Garpunkt einen Schuss Balsamico hinzufügen. Anschließend die Rote Beete mit kaltem Wasser abschrecken und pellen. Den Fond der Roten Beete mit dem Kalbs- oder Gemüsefond, der Sahne und der Roten Beete noch einmal aufkochen lassen und anschließend alles pürieren.

Für den Sahne-Meerrettich aus dem geriebenen Meerrettich, der geschlagenen Sahne, dem Apfel und der Zitrone eine cremige Masse herstellen.

Den Räucheraal in Stücke zerteilen und erst kurz vor dem Servieren auf den Tellern in die Suppe geben.

Tipp: *Behalten Sie ein paar Scheiben der Roten Beete zurück und stechen daraus Formen aus. Damit können Sie die Suppe sehr schön garnieren.*

Rote-Beete-Suppe

FILET VOM ANGUSRIND

MIT STEINPILZEN, ROSENKOHLBLÄTTERN, MÖHRENSTROH, POMMES DAUPHINES

Die Rinderfilets kurz in Öl anbraten und anschließend im Ofen bei ca. 180°C für 5 bis 10 Minuten weiter garen. Steinpilze waschen und in Öl mit den Zwiebeln anschwitzen. Erst ganz zum Schluss mit Salz und Pfeffer würzen und die Kräuter hinzufügen. Das Eigelb, die Schlagsahne, das Steinpilzpulver, Pfeffer und Salz zu einer cremigen Masse verarbeiten. Mit den Pilzen vermengen und auf die Filets geben. Bei 200°C für ca. 1 bis 2 Minuten (bis die Pilze goldbraun sind) gratinieren.

Für die Pommes Dauphines das Mehl, das Ei und die Milch zu einem Brandteig verarbeiten. Die Kartoffeln mit Salzwasser weich kochen, abdämpfen lassen und stampfen. Anschließend den Teig unter die Kartoffelmasse geben, mit Muskat und Pfeffer abschmecken und zu Nocken formen. Die Nocken für 2 Minuten in Pflanzenfett frittieren.

Tipp: *Die Kartoffeln nach dem Kochen gut abdämpfen lassen, sie müssen für die weitere Verarbeitung schön trocken sein.*

Zutaten für 4 Personen

Rinderfilets
4 Filets vom Rind, à 180 g
Öl zum Braten

Steinpilzcrème
150 g Steinpilze
Petersilie, Estragon, Schnittlauch
1 EL Zwiebeln
50 ml Schlagsahne
1 Eigelb
5 g Steinpilzpulver

Pommes Dauphines
200 g Kartoffeln
1 Ei
30 g Mehl
100 ml Milch
Muskat
Salz, Pfeffer

Rinderfilet

Für die Rosenkohlblätter
250 g Rosenkohlblätter
20 g Speck
20 g Zwiebeln
Butter
Muskat

Möhrenstroh
2 Möhren

Die Rosenkohlblätter blanchieren und mit Speck und Zwiebeln in Butter anschwenken. Mit einer Prise Muskat abschmecken.

Für das Möhrenstroh die Möhren in feine Streifen schneiden, kleine Nester formen und in Öl frittieren.

Sülztaler Hof

CAPPUCCINO-PARFAIT UND WALLNUSSRAHMEIS

MIT WARMEN SCHATTENMORELLEN UND PISTAZIENSCHAUM

Für die Hippenblätter das Mehl, den Puderzucker, das Marzipan und die Gewürze mit einem großen Mixer kuttern. Anschließend das Eiweiß und die Milch unterrühren, den Teig zu Hippen formen und in geeignete Formen geben. Bei 180°C für 3 Minuten ausbacken.

Tipp: *Sie können die Hippen auch auf Backpapier backen und nur zum Auskühlen in die Formen geben. Als Formen eignen sich beispielsweise kleine Marmeladenschälchen.*

Für das Cappuccino-Parfait Eigelb, Zucker, Espresso und Kaffeelikör warm verarbeiten und langsam kaltschlagen. Die geschlagene Sahne unterheben und in Förmchen füllen. Für ca. 3 Stunden ins Tiefkühlfach stellen.

Für das Walnusseis das Eigelb, 200 g des Zuckers und die Milch mischen und zur Rose abziehen. Den restlichen Zucker karamellisieren und mit Wasser ablöschen. Walnüsse und Krokant mitkochen und anschließend absieben. Nun Sahne, Cognac, Walnussaroma und Honig hinzufügen und in der Eismaschine zu Eis verarbeiten.

Zutaten für 4 Personen

Hippenblätter für die Garnitur:
75 g Mehl
125 g Puderzucker
225 g Marzipan
1 TL Zimt
1 Prise Salz
2 Eiweiß
80 ml Milch

Cappuccino-Parfait
4 Eigelb
70 g Zucker
40 ml Espressokonzentrat
20 ml Kaffeelikör
250 g geschlagene Sahne

Walnusseis
6 Eigelb
300 g Zucker
500 ml Milch
50 ml Wasser
75 g Walnüsse, gestoßen
25 g Krokant
500 ml Sahne
20 ml Cognac
2 EL Walnussaroma
1 EL Honig

Cappuccino-Parfait

Pistazienschaum
100 ml Wasser
4 Eigelb
80 g Zucker
3 Blatt Gelatine
20 ml Cointreau
25 g Pistazienaroma
200 ml geschlagene Sahne

Warme Schattenmorellen
250 g Schattenmorellen
200 ml Kirschsaft
100 g Zucker
25 g Weizenpuder oder Speisestärke

Für den Pistazienschaum das Eigelb mit dem Zucker und dem Wasser warm aufschlagen. Die aufgelöste Gelatine hinzugeben und anschließend Cointreau, Pistazienaroma und die geschlagene Sahne unterheben. Für ca. 3 Stunden ins Kühlfach stellen.

Für die Schattenmorellen den Kirschsaft aufkochen, den Zucker hinzugeben und mit dem Weizenpuder abbinden. Anschließend die abgetropften Schattenmorellen unterheben.

Tipp: *Rühren Sie nicht mehr lange, wenn Sie die Kirschen hinzugegeben haben, sonst zerstören Sie sie.*

SÜLZTALER HOF
HOTEL
RESTAUR

4 – 20

PROSIT

EIN STÜCK TEGERNSEE IM BERGISCHEN

Eine Ausbildung an einem Ort, wo viel Tourismus ist – das war der Wunsch, und da lag für Thomas Semmler der Tegernsee einfach nahe. Nach seiner Ausbildung im Seehotel Überfahrt blieb der gebürtige Frankfurter in der Region, denn inzwischen hatte er sich regelrecht in den Tegernsee verliebt – und in seine Frau, die im gleichen Haus Restaurantfachfrau gelernt hat. Hier schließt sich der Kreis: Tanja Schoppmann-Semmler stammt aus Hückeswagen, wo ihre Eltern das Haus Kleineichen von ihren Großeltern übernommen hatten. Und dahin kehrten sie eines Tages zusammen zurück – den Tegernsee haben sie einfach mitgenommen. Das Haus Kleineichen könnte von außen kaum bergischer sein, aber wenn man eintritt, erscheint es, als wäre man über 600 km weiter südlich gelandet. Die Inneneinrichtung wurde von echten Tegernseer Tischlern gezimmert, die eigens dafür nach Hückeswagen geholt wurden: 11 Tage, 280 Liter Bier und eine originale Zirbelstube sind die Bilanz.

So wie sich hier die Regionen vereinen, bilden auch die Generationen eine Symbiose: Mutter und Tochter „wirbeln" in echten Trachten und mit besonderer Herzlichkeit im Service umher und sorgen für die schöne, familiäre Stimmung, die hier herrscht. Thomas Semmler wirkt mit ebenso viel Begeisterung in seiner Küche und spielt leidenschaftlich und virtuos mit Gewürzen, Kräutern und Produkten. Die Karte gestaltet er entsprechend variantenreich: zum Beispiel bayerisch, südtirolerisch, italienisch – und eben auch bergisch.

Thomas Semmler

ORANGEN-GRAUPEN-RISOTTO

MIT TOMATENCONFIT, GEBRATENEN JACOBSMUSCHELN UND RÜBENKRAUT-BALSAMICO-JUS

Für den Graupenrisotto 2 EL Olivenöl in einem Topf erhitzen und die Schalottenwürfel darin, ohne Farbe annehmen zu lassen, glacieren. Die mit kaltem fließenden Wasser gut abgespülten Graupen dazugeben und kurz mit anschwenken. Mit Wasser auffüllen und bei milder Hitze unter häufigem Rühren ca. 15 Minuten sanft garen. Erst jetzt mit dem Orangensaft auffüllen und weitere 5 Minuten garen. Die Graupen sollten am Ende der Garzeit noch leicht bissfest und saftig sein. Zum Schluss mit Orangenzesten und dem Parmesan abschmecken.

Für das Tomatenconfit die Tomaten von Haut und den Kernen befreien und in feine Würfel schneiden. Mit 2 EL Olivenöl bei milder Hitze kurz anschwenken und mit Thymian, Rosmarin, Knoblauch, Honig und Salz abschmecken und bereitstellen.

Tipp: *Um die Tomaten abzuziehen, für ca. 3 Minuten in heißes Wasser und anschließend in Eiswasser geben. Die Haut zieht sich durch die plötzliche Kälte zusammen und ist leichter zu entfernen.*

Zutaten für 4 Personen

Graupenrisotto
200 g Graupen
1 EL Schalotten, fein gewürfelt
250 ml frisch gepresster Orangensaft
750 ml Wasser
50 g Parmesan
2 unbehandelte Orangen (für Orangenfilets und Orangenzesten)
4 EL Olivenöl

Tomatenconfit
2 reife Tomaten
1 TL Thymian und Rosmarin, fein gehackt
1 TL Honig
1 TL Knoblauch, gepresst oder fein gehackt
Salz

Graupenrisotto

Rübenkraut-Balsamico-Jus
200 ml Apfelsaft
100 ml Balsamico
150 ml Rotwein
1 EL Rübenkraut

Jacobsmuscheln
4 Stück frische Jacobsmuscheln
Zitronensaft
2 EL Olivenöl
Salz, Pfeffer

Für das Rübenkraut-Balsamico-Jus den Apfelsaft, Balsamico und Rotwein bei hoher Hitze sirupartig einkochen lassen. Mit dem Rübenkraut abschmecken.

Jacobsmuscheln mit Salz würzen und mit etwas Zitronensaft beträufeln. In einer heißen Pfanne ca. 4 bis 5 Minuten braten, herausnehmen und ca. 2 Minuten ruhen lassen.

Tipp: *Fürs Auge: Erhitzen Sie einen Metallstab und brennen Sie damit ein Muster (z.B. ein Gitter) auf die Oberseite der Jakobsmuscheln.*

Tomatenwürfel in der Mitte des Tellers in einem Ausstechring von ca. 8 cm Durchmesser anrichten und mit Graupenrisotto bedecken. Die Rübenkraut-Balsamico-Jus kreisförmig um den Risotto laufen lassen und die Jacobsmuschel daraufsetzen. Mit Orangenfilets und Thymian garnieren.

SCHWEINEKOTELETT, GRATINIERT MIT FRISCHEN KRÄUTERN

AUF JUNGEM RÜBSTIEL MIT KARTOFFEL-BLUTWURST-KNÖDEL

Kalbsknochen in einem großen heißen Topf gleichmäßig mit 10 g Butterschmalz stark anbraten. Anschließend das Röstgemüse und das Tomatenmark mit anbraten. Mit der Hälfte des Rotweins ablöschen und wieder stark anrösten. Diesen Vorgang des Ablöschens nochmals wiederholen. Nun mit 3 l Wasser auffüllen. Knoblauch, einen Teil der Kräuter und Gewürze dazugeben. Bei milder Hitze und unter häufigem Abschöpfen des Fettes ca. 3 bis 4 Stunden einköcheln lassen. Danach die Jus durch ein Spritzsieb passieren und auf ca. 400 ml langsam einreduzieren. Dabei immer wieder Schaum und Fett abschöpfen! Restliche Kräuter dazugeben und mit Salz und Pfeffer abschmecken und mit angerührter Stärke leicht abbinden.

Koteletts mit Salz und Pfeffer beidseitig würzen und in einer heißen Pfanne jede Seite ca. 2 Minuten anbraten und auf die Seite ziehen. Knoblauch, Kräuter und das Paniermehl vermengen, geschmolzene Butter unterheben und mit Salz würzen. Jetzt gleichmäßig die Kruste auf den Koteletts verteilen und im vorgeheizten Backofen bei 250°C (Grillfunktion) für ca. 4 Minuten goldgelb gratinieren. Fleisch herausnehmen und noch einen Moment ruhen lassen.

Zutaten für 4 Personen

Gratinierte Schweinekoteletts
4 Lummerkoteletts vom Schwein
750 g Kalbsknochen
400 g Röstgemüse (Möhre, Sellerie, Zwiebel), grob geschnitten
500 ml Rotwein
Salz, Pfeffer
6 Wacholderbeeren
6 Lorbeerblätter
2 EL Tomatenmark
30 g Butterschmalz
3 EL frischer Majoran
3 EL frischer Thymian
2 Knoblauchzehen, fein geschnitten
Speisestärke

Schweinekoteletts

Rübstiel

600 g Rübstiel
2 EL Speck
2 EL Zwiebeln
100 ml Sahne
1 Msp. Muskat
Salz, Pfeffer

Kartoffel-Blutwurst-Knödel

400 g mehlig kochende Pellkartoffeln
2 Eigelb
2 EL Grieß
2 EL Kartoffelstärke
8 Würfel geräucherte Blutwurst
1 EL ausgelassenen Speck und Zwiebelwürfel
1 EL Kartoffelstärke
3 EL Butter
3 EL Semmelbrösel
Salz, Pfeffer

Geschmortes Gemüse

8 geschmorte Tomaten
4 Stangen geschmorter Lauch
8 geschmorte Schalotten
4 geschmorte junge Karotten

Rübstiel von den Blättern befreien, waschen und auf kleine Stücke schneiden. In siedendem Wasser ca. 15 Minuten garen und in Eiswasser abschrecken. Speck und Zwiebel in einem Topf anschwitzen, mit der Sahne auffüllen und etwas einreduzieren. Rübstiel hinzufügen, aufkochen lassen und mit den Gewürzen abschmecken.

Für die Kartoffel-Blutwurst-Knödel die gekochten, noch heißen Kartoffeln pellen und durch eine Presse drücken. Eigelb, Grieß und Stärke dazugeben und zu einer kompakten Masse verarbeiten. Den Kloßteig in 8 gleich große Stücke zerteilen, in die Mitte etwas Speck, Zwiebel und die Blutwurstwürfel geben, verschließen und zu Klößchen rollen. Nun die Klößchen in siedendem, leicht gesalzenem Wasser gar ziehen. Sobald sie nach oben steigen und an der Wasseroberfläche schwimmen, sind sie gar. Butter und Semmelbrösel in einem Topf erhitzen und Klößchen kurz darin anschwenken.

Tipp: *Den Kloßteig nicht zu lange kneten, denn sonst verklebt die Masse. Falls die Masse zu feucht sein sollte, verwenden Sie ein wenig mehr Stärke.*

Rübstiel in der Mitte des Tellers platzieren, Kotelett aufschneiden und darauf anrichten. Klößchen danebensetzen und etwas von der Soße daraufgeben. Mit Blutwurstscheiben und frischen Möhren und Majoran garnieren.

PARFAIT VON PUMPERNICKEL UND SCHOKOLADE

IM KRAPFENMANTEL MIT VANILLE-RUM-PFLAUMEN

Für das Parfait die Eigelb mit dem Vanillezucker über einem heißen Wasserbad schaumig rühren. Anschließend die Kuvertüre, das Lebkuchengewürz und den Pumpernickel unterheben. Die Masse leicht abkühlen lassen. Erst dann das steife Eiweiß und die geschlagene Sahne vorsichtig nach und nach unterziehen. In eine gefrierfeste Form füllen und mindestens 6 Stunden im Tiefkühlfach gefrieren lassen.

Für die Krapfen das Mehl, die Speisestärke und das Backpulver miteinander vermischen und sieben. Die weiteren Zutaten hinzufügen und alles mit dem Handrührgerät zunächst auf niedrigster, dann auf höchster Stufe zu einer kompakten Masse verarbeiten. Den Teig in eine gefettete und mit Backpapier belegte Ø 26 cm Springform füllen und glattstreichen. Im nicht vorgeheizten Ofen bei 150°C ca. 25 Minuten backen.

Den Boden stürzen und das Backpapier abziehen. Vor dem Weiterverarbeiten für ca. 20 Minuten abkühlen lassen. Den Boden der Länge nach halbieren und mit einem Ausstechring von 8 cm Durchmesser in 8 gleich große Stücke ausstechen.

Zutaten für 4 Personen

Parfait
75 g Pumpernickel (leicht angetrocknet), fein gerieben
75 g geschmolzene Halbbitterkuvertüre
75 g geschmolzene Vollmilchkuvertüre
3 Eigelb
3 Eiweiß, steif geschlagen
4 EL Vanillezucker
1 Msp. Lebkuchengewürz
250 ml geschlagene Sahne

Krapfen
100 g Weizenmehl
25 g Speisestärke
3 gestrichene TL Backpulver
125 g Zucker
1 Päckchen Vanillezucker
1 Prise Salz
125 g Butter
3 Eier
ca. 2 l Fett zum Ausbacken

Für die Panade
2 leicht aufgerührte Eiweiß
100 g gehobelte Mandeln

Pumpernickelparfait

Vanille-Rum-Pflaumen
300 g Pflaumen, entsteint und halbiert
100 ml Rotwein
20 ml Strohrum 80 %
50 g Zucker
1 Vanilleschote
1 EL Speisestärke

Für die nächste Arbeit sollte jetzt alles sorgfältig vorbereitet sein, denn es muss zügig gehen!

Auf vier der ausgestochenen Böden je eine Kugel von dem gefrorenen Parfait geben. Rasch mit jeweils den anderen vier Böden verschließen und durch festen Druck in die Form eines Balles bringen. Jetzt die Krapfen zunächst in dem Eiweiß wälzen, dann mit den Mandeln panieren und wieder fest andrücken. Mindestens 8 Stunden gefrieren lassen.

Tipp: *Die Krapfen auf einem mit Klarsichtfolie bedeckten Teller ins Tiefkühlfach stellen. So lassen sich die Krapfen später leicht aufnehmen.*

Für die Vanille-Rum-Pflaumen die Speisestärke mit 2 EL Rotwein anrühren. Den übrigen Rotwein mit Zucker und Rum ca. 3 bis 4 Minuten einkochen lassen. Jetzt die Pflaumen und das Vanillemark zum Rotwein geben und mit der Speisestärke abbinden. Warm oder kalt servieren.

Tipp: *Legen Sie die Pflaumen einen Tag vorher ein und lassen Sie sie schön durchziehen.*

Die gefrorenen Krapfen in heißem Fett (am besten in der Fritteuse) bei ca. 180°C goldgelb ausbacken und mit den eingelegten Vanille-Rum-Pflaumen anrichten.

HOTELKAFFEE

Mazzetti
L'ORIGINALE
Aceto
Balsamico
di Modena

Restaurant
Haus Kleineichen
Th. Semmler

RATIONAL

FRISCHE, DEUTSCHE KÜCHE MIT LEICHTER MEERESBRISE

Ein wenig mediterran ist das Klima im Globusmann – bei absolut geregelten Temperaturen: Durch das Kellergewölbe in den Christiansvillen hält die Raumtemperatur im Restaurant unabhängig von der Jahreszeit eine Konstante von angenehmen 22 Grad. 1998 eröffnete Thorsten Steinhaus zusammen mit seiner Frau Andrea den Globusmann in Solingen und sorgt seither mit seiner abwechslungsreichen Küche für ein kleines Stückchen Mittelmeer im Bergischen Land. Er legt dabei viel Wert auf frische regionale und saisonale Produkte, die er geschickt mit internationalen Interpretationen zuzubereiten weiß.

Er ist ein Mann der Tat: Mit vier Jahren wusste Thorsten Steinhaus bereits, dass er Koch werden wollte, und seine Eltern konnten ihn davon nicht mehr abbringen. Dass er in seinem ersten Praktikum zwei Wochen lang ausschließlich Petersilie hacken durfte, sollte ihn ebenfalls nicht abschrecken ... So ging er also seinen Weg, machte einen Zick-Zack-Kurs durch viele interessante Häuser in Deutschland – und lernte schließlich in Solingen seine Frau kennen. Auch in dieser Hinsicht wusste er gleich, was er wollte: diese Frau heiraten. Die Stelle als Küchenchef in jenem Hause nahm er damals nur an, weil er sie am Tag seiner Vorstellung dort im Service gesehen hatte.

Die Leidenschaft für seinen Beruf als Koch hat Thorsten Steinhaus immer behalten – und seine Zielstrebigkeit hat ihn zu einem erfolgreichen Geschäftsmann gemacht: Heute betreibt er mehrere Gastronomiebetriebe in Solingen. Das neueste der Projekte ist ein authentischer bayerischer Biergarten, den er zusammen mit einer Brauerei im alten Bahnhof in Solingen eingerichtet hat – damit bringt er diesmal ein Stück Bayern ins Bergische.

Thorsten Steinhaus

LACHSTATAR

MIT FRISCHEN KRÄUTERN, ROTEN ZWIEBELN, GURKEN-MEERRETTICH-SCHMAND UND REIBEKUCHEN

Für den Lachstatar die Zwiebelwürfel unter den Lachs heben und den fein gehackten Kerbel, Koriander und Dill mit Traubenkernöl dazugeben. Das Ganze gut vermengen, leicht salzen und pfeffern. Die Lachsmasse abdecken und kaltstellen.

Für den Gurken-Meerrettich-Schmand die Salatgurke, Zwiebeln und Kräuter vermengen und den frisch geriebenen Meerrettich dazugeben. Die Masse mit dem Quark, dem Schmand und dem Senf zu einer Soße rühren. Mit Salz und Pfeffer abschmecken.

Die geriebenen Kartoffeln mit dem Ei und dem Mehl zu einem Kartoffelteig vermengen. Mit Salz, Pfeffer und Muskat kräftig abschmecken. Pflanzenöl in der Pfanne erhitzen. Einen Schöpflöffel der Kartoffelmasse vorsichtig in der Pfanne verteilen. Von beiden Seiten je fünf Minuten goldbraun braten.

Zwei Esslöffel Lachsmasse auf einem warmen Reibekuchen platzieren und den Gurken-Meerrettich-Schmand danebensetzen.

Zutaten für 4 Personen

Lachstatar
280 g Lachsfilet, fein gewürfeln
1 rote Zwiebel, fein gewürfeln
10 g Kerbel
10 g Koriander
10 g Dill
40 ml Traubenkernöl
Salz und Pfeffer aus der Mühle

Gurken-Meerrettich-Schmand
10 g Quark
40 g Schmand
50 g Salatgurke ohne Kerngehäuse, fein Gewürfeln
25 g Meerrettich, frisch gerieben
5 g Dill
10 g feine Zwiebelwürfel
1/2 TL körniger Senf
Salz, Pfeffer

Reibekuchen
300 g Kartoffeln, geriebenen
1 Ei
30 g Mehl
Muskat
Salz, Pfeffer

Lachstatar

PERLHUHNBRUST GEFÜLLT

MIT CHAMPIGNONS UND LANDSCHINKEN AN EINER RUCCOLASOSSE, GLACIERTE MÖHREN UND GEBRATENE DRILLINGE

Zutaten für 4 Personen

4 Perlhuhnbrüste

Für die Füllung
4 Scheiben bergischer Schinken (roh oder gekocht)
100 g Champignons, fein gewürfelt
50 g Tomatenwürfel
50 g geriebenes Weißbrot
10 g Schnittlauch
Salz, Pfeffer

Für die Soße
1 kleine Zwiebel, gewürfelt
Olivenöl
100 ml Weißwein
150 ml Sahne
100 g Schmand
80 g Ruccola

Die Schinkenscheiben in feine Würfel schneiden und mit den Champignons vermengen. Die Tomatenwürfel, das Weißbrot und den Schnittlauch dazugeben und zu einer Masse verarbeiten.

In die Mitte der Perlhuhnbrüste eine kleine Tasche schneiden und mit der Masse füllen. Das Fleisch von allen Seiten in der Pfanne kurz anbraten und anschließend im vorgewärmten Ofen für ca. 15 Minuten bei 180°C in einem Bräter garen lasen. Danach das Fleisch an einer warmen Stelle fünf Minuten ruhen lassen und servieren.

Für die Soße: Die Zwiebeln in Öl glasig schwitzen und mit dem Wein ablöschen, etwas einkochen lassen. Sahne und Schmand hinzugeben, kurz köcheln lassen. Die Soße mit Salz und Pfeffer abschmecken. Erst kurz vor dem Servieren den gehackten Ruccola unterheben.

Perlhuhnbrust

Glacierte Möhren
400 g tournierte Möhren
Muskat
Butter
Salz, Zucker

Kartoffeln
400 g Drillinge
Butterschmalz zum Anbraten
Salz, Pfeffer

Die Möhren in Salzwasser ca. 10 Minuten blanchieren, das Wasser abgießen und die Möhren danach abtropfen lassen. Butter in einer Pfanne erhitzen und die Möhren darin anschwenken. Zucker und Muskat hinzugeben. Wenn gewünscht, mit wenig Salz abschmecken.

Die Drillinge ca. 15 Minuten kochen. Die Kartoffeln etwas abkühlen lassen und schälen. In der Pfanne mit Butterschmalz bei mittlerer Hitze goldbraun braten.

BERGISCHE WAFFELN
MIT MANDELKIRSCHEN UND MILCHREIS

Die Kirschen kurz aufkochen. Mit eigenem Sud und Mandellikör bedeckt über Nacht ziehen lassen. Den Sud am nächsten Tag mit etwas Stärke abbinden, Zimt hinzugeben und mit gehackten Mandeln verfeinern.

Den Milchreis unter ständigem Rühren mit Milch und Zucker und einer Prise Salz kurz aufkochen und anschließend im Ofen bei 80 bis 100°C langsam gar ziehen. Der Milchreis ist dann gar, wenn er noch leicht bissfest ist.

Für die Waffeln die Zutaten zusammenfügen und zu einer glatten Masse verrühren. Die Masse ca. 1/2 Stunde ruhen lassen, danach noch einmal rühren. Ein bis zwei Esslöffel der Masse auf das Waffeleisen geben und je nach Geschmack ca. 3 bis 5 Minuten goldgelb backen.

Die Kirschen über die Waffeln geben und dazu den Milchreis servieren.

Zutaten für 4 Personen

Mandelkirschen
200 g Schwarzkirschen, entsteint
10 ml Mandellikör
1 Msp. Zimt
gehackte Mandeln

Milchreis
150 g Milchreis
900 ml Milch
60 g Zucker
1 Prise Salz

Waffeln
90 g Mehl
20 g Speisestärke
1/2 TL Backpulver
40 g Zucker
1/2 Päckchen Vanillezucker
25 g Butter
170 ml Milch

Bergische Waffeln

Chaource
au lait cru
250g

DIE LAUNE, DIE IHR IN DER KÜCHE HABT, SIEHT DER GAST AUF DEM TELLER ...

Da lobt er sich die Franzosen. Die stecken ihr Geld lieber in ein gutes Essen als in die Ratenzahlung eines neuen Automodells. Und das zieht er auch vor: Lieber weniger und dafür erstklassig! Sascha Stemberg ist ein junger „Lebemann“: fröhlich, begeisterungsfähig und abenteuerlustig! Er braucht „Action“ als Ausgleich zum eigentlich schon aktionsreichen Alltag: Gerne zieht er mit seinen Freunden „um die Häuser“, reist in ferne Länder – und hat wirklich Spaß am Leben. Dazu passt auch seine Vorliebe für Schärfe – die hat er auf Mauritius entdeckt, wo er eine Zeit seiner Wanderjahre verbracht hat, bevor er seinerzeit in den väterlichen Betrieb in Velbert-Neviges zurückkehrte.

Nach seiner Ausbildung zum Koch konnte er zunächst in den Düsseldorfer Sterne-Küchen im Victorian und im Hummerstübchen viel lernen – seinem Küchenchef Peter Liesenfeld hat er dabei besonders viel zu verdanken, betont er. Seiner eigenen Küche merkt man diese vielfältigen Erfahrungen deutlich an – und der Bezug zum Bergischen ist ihm sehr wichtig: So wird beispielsweise auch die Graupensuppe immer auf der Karte bleiben – das ist er seinen Gästen schuldig. Denn Vater und Sohn Stemberg pflegen schon seit vielen Jahren eine gute Beziehung zur Region: Ihr Gemüsehändler kommt aus Velbert, das Spargelfeld, das für sie den besten und weißesten Spargel hervorbringt, liegt ihrem Restaurant direkt gegenüber, und in Zusammenarbeit mit ansässigen Metzgern und Käsereien haben sie eigene Kreationen entwickelt, mit denen sich nach ihren Vorstellungen besser kochen lässt.

Inzwischen hat Sohn Sascha die Küche im Haus Stemberg vollständig übernommen: Frischen Wind und das Du für seine Angestellten hat er als junger Chef als erstes eingeführt. Nach einer Weile dann auch neues Geschirr – und: asiatische Gewürze, Variantenreichtum und Ungewöhnliches. Das ist heute durchaus an der Tagesordnung in der bergischen Küche des Hauses Stemberg. Vater Walter hat sich ganz bewusst aus der Küche zurückgezogen – für ihn ist sein Sohn und Nachfolger „ein Sechser im Lotto mit Zusatzzahl“!

Sascha Stemberg

RAVIOLIS VON BLUTWURST UND APFEL

AUF CHAMPAGNERRAHMKRAUT IN PASTINAKEN-VANILLE-VELOUTÉ

Aus den Zutaten einen geschmeidigen Teig kneten und 2 Stunden kaltstellen. Später mit Nudelholz oder Nudelmaschine dünn ausrollen (ca. 6 Bahnen).

Tipp: *Den Teig mit Safran, Spinat, Tintenfischtinte oder Roter Beete färben.*

Für die Füllung: Schalotten in Butter glasig dünsten, Blutwurst hinzugeben und die restlichen Zutaten darin verrühren. Die Masse erkalten lassen. Nun die Füllung mit einem Teelöffel auf die Hälfte der Nudelbahnen verteilen und dabei stets ausreichend Platz lassen. Nun die übrigen Nudelbahnen mit Eigelb einpinseln und diese überlappend auf die anderen Bahnen legen. Den Teig gut andrücken und die Raviolis ausstechen. In kochendem Salzwasser 5 Minuten garen.

Alle Zutaten für das Champagnerkraut miteinander mischen und mit den Gewürzen abschmecken.

Zutaten für 4 Personen

Nudelteig
450 g Mehl
3 Eier
100 g Hartweizengrieß
7 g Salz
ein Spritzer Mineralwasser

Füllung
100 g Blutwurst, klein geschnitten
1 Schalotte, fein gewürfelt
2 EL Apfelwürfel
1 EL Mehl
1 EL Apfelsaft
1 TL gehackte Petersilie
10 g Butter

Champagnerkraut
400 g gekochtes Sauerkraut
1 Apfel, fein gewürfelt
1-2 EL Crème fraiche
ein Spritzer Champagner
Salz, Pfeffer

Blutwurstravioli

Schalotten in Butter glasig dünsten, die Pastinaken und die Vanille hinzugeben und mit der Brühe und einem Schuss Weißwein ablöschen, mit Sahne auffüllen und bei kleiner Hitze weichköcheln. Nun im Mixer fein pürieren und gut abschmecken (eventuell durch ein Sieb streichen).

Raviolis auf dem Kraut anrichten, mit aufgeschäumter Velouté beträufeln und mit Kerbel garnieren.

Tipp: *Dünn gehobelten Trüffel über die Raviolis streuen – das macht die exklusive Note perfekt!*

Pastinaken-Vanille-Velouté
200 g Pastinaken, geschält und geschnitten
Mark von 1 Vanilleschote
1-2 EL Butter
1 Schalotte, fein gewürfelt
150 ml Kalbsbrühe
250 ml Sahne
Salz, Pfeffer, Zucker

GESCHMORTE KALBSBACKE

AUF SELLERIEMOUSSELINE MIT GÄNSETSTOPFLEBERCROUSTINI UND BOHNENRAUTEN

Zutaten für 4 Personen

Kalbsbacke
8-12 geputzte Kalbsbacken
1 Stange Lauch, 1 Karotte, 1 Stück Sellerie, 100 g Zwiebel (alles gewaschen und gewürfelt)
2 EL Tomatenmark
2 Lorbeerblätter
3 EL brauner Zucker
100 ml Balsamico
200 ml Rotwein
1,5 l Kalbsfond
Salz, Pfeffer, Zucker

Selleriemousseline
500 g Sellerieknolle, geschält, gewürfelt
180 ml Kalbsbrühe
200 ml Sahne
kalte Butter
Salz, Pfeffer, Muskat

Gänsestopflebercroustini
4 dünne Scheiben Dinkel-Baguette
4 hauchdünne Scheiben Gänsestopfleber (von Haut und Adern befreit)
Meersalz, weißer Pfeffer

Die Backen würzen und scharf anbraten. Das Gemüse (zunächst ohne Lauch) mit anschwitzen. Dann Lauch und Tomatenmark hinzugeben, nach kurzer Zeit braunen Zucker darüberstreuen und leicht karamellisieren. Dann mit Balsamico und Rotwein ablöschen. Den Vorgang mit Rotwein 2 Mal wiederholen. Jetzt mit Kalbsfond auffüllen und ca. 1 bis 1,5 Stunden weichdünsten. Die Backen herausnehmen und die Soße durch ein Sieb passieren. Nun die Soße bei kleiner Hitze reduzieren, später mit kalter Butter binden und gut abschmecken.

Den Sellerie in der Butter leicht glasig dünsten, mit Sahne und Brühe auffüllen und weichköcheln. Dann im Mixer fein pürieren und mit Butter und den Gewürzen abschmecken.

4 dünne Scheiben Baguette in einer Pfanne mit ein wenig Olivenöl knusprig braten. Die Leber auf die Brote legen und für 2 bis 3 Minuten bei 160°C in den Backofen geben. Danach würzen.

Die Kalbsbacken in der Soße erwärmen, diese dann auf dem Sellerie verteilen. Mit glasierten Bohnenrauten dekorieren und mit dem noch warmen Croustini belegen.

Kalbsbacke

Deutsche
Markenbutter
mild gesäuert
250 g

KÜRBISKERNPARFAIT

IN DER SCHOKOLADENTRÄNE MIT MARINIERTEN KIRSCHEN UND ZIMTEIS

Die beiden Kuvertüren separat schmelzen. Zuerst einen Teelöffel weiße Kuvertüre auf die Folie geben und einen Streifen ziehen. Warten, bis diese anzieht, dann die dunkle darauf dünn verstreichen. Ebenfalls einen kleinen Moment warten. Dann die Folien am Ende zu einer Tränenform zusammendrücken und mit den Büroklammern fixieren, auf ein Blech mit Backpapier setzen und für ca. 30 Minuten kühlstellen.

Eigelb, Kürbiskernöl, Salz und Vanille kräftig aufschlagen, auf einem Eisbad kurz auskühlen lassen und im Wechsel mit Eiweiß und Sahne vermengen. Zuletzt die Kürbiskerne hinzugeben, dann die Masse vorsichtig in die Tränen geben und ca. 3 bis 4 Stunden gefrieren.

Den Zucker karamellisieren, mit Kirschsaft ablöschen und die Gewürze hinzufügen. Leicht reduzieren und die Kirschen in den Sud geben. Mit Kirschwasser abschmecken und bestenfalls eine Nacht marinieren lassen.

Zutaten für 4 Personen

Schokoladenträne
100 g dunkle Kuvertüre
50 g weiße Kuvertüre
4 Streifen Projektorfolie
4 Büroklammern

Kürbiskernparfait
3 Eigelb
80 g Kürbiskernöl
eine Prise Salz
140 g Zucker
250 ml geschlagene Sahne
3 Eiweiß steif geschlagen
2 EL Kürbiskerne, geröstet
1 Vanilleschote

Marinierte Kirschen
200 g entstelnte Kirschen
4 EL Zucker
100 ml Kirschsaft
ein Spritzer Kirschwasser
Msp. Zimt
Msp. getrockneter Koriander
Msp. Cardamom

Kürbiskernparfait

Zimteis
250 ml Sahne
250 ml Milch
70 g Zucker
5 Eigelb
ein Spritzer Rum
1 gehäufter Teelöffel Zimt

Sahne, Milch und Zimt aufkochen lassen und währenddessen Eigelb mit Zucker verrühren. Die Flüssigkeit im Rühren auf das Eigelb geben und auf einem Wasserbad unter weiterhin ständigem Rühren zur Rose abziehen (bis auf ca. 78°C erhitzen). Nun die Masse auf Eis kaltrühren, mit Rum abschmecken und in der Eismaschine oder im Gefrierfach gefrieren lassen.

Die Tränen von der Folie befreien und auf Teller setzen. Die Kirschen erwärmen und um die Tränen verteilen. Nun das Eis auf ein wenig gehackte Pistazien anrichten und mit Minze und Puderzucker dekorieren.

Bawa

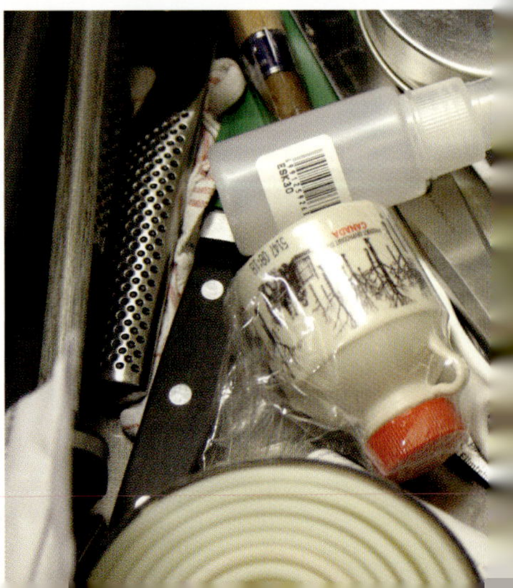

500 600 700 800 900

Haus Stemberg

Alejandro &

VERBRÜDERUNG IN DER KÜCHE

Wenn dem einen was überläuft, ist der andere mit einem Tuch schnell zur Stelle! Christopher Wilbrand ist zuständig für alle Hauptgerichte, Alejandro Wilbrand als gelernter Konditor für die Süß- und Vorspeisen. Sie sind sehr verschieden in Charakter und Temperament – aber die beiden verstehen sich blendend und ergänzen sich perfekt: Seit über 15 Jahren arbeiten sie in dieser Konstellation erfolgreich zusammen; im Jahre 1990 übernahmen sie gemeinsam den elterlichen Betrieb. Zunächst arbeitete die ganze Familie zusammen, inzwischen aber haben sich die Eltern zur Ruhe gesetzt und sind nach Spanien zurückgekehrt, wo die Brüder seinerzeit geboren wurden. Für sie hat sich so ein Kreis geschlossen, für die Söhne aber ging es erst richtig los, nachdem „die Chefs" weg waren: Es hat sich einiges im Hotel zur Post verändert – und nicht zuletzt an der Karte.

Das alte kaiserliche Postamt wurde in den letzten Jahren kontinuierlich mit viel Liebe fürs Detail und mit dem Wunsch nach „mal was anderem" verändert und weiterentwickelt: Hotel, Saal, Restaurant, Poststube ermöglichen ein breites und variantenreiches Angebot. Während es in der Poststube gutbürgerlich zugeht, man dort gerne auf ein „Bierchen" verweilt und noch das gute alte Sparfach kennt, ist das Gutbürgerliche von früher aus dem Restaurant verschwunden. War damals Lachstarte mit Reibekuchen ein Klassiker des Wilbrand'schen Angebotes, so darf man sich heute auf eine echte Sterne Küche freuen – mit all dem Anspruch, den eine solche Küche hervorbringt und beim Gast weckt.

Und der Anspruch der Küchenchefs wächst weiter: „Man wird sich selbst gegenüber immer anspruchsvoller und kritischer" – Christopher und Alejandro Wilbrand fühlen sich durch die positive Resonanz ihrer immer anspruchsvoller werdenden Gäste höchstens angespornt!

Christopher Wilbrand

LAUWARME SCHEIBEN VOM EISBEIN

MIT GRAUPENVINAIGRETTE, GEBRATENEN SCAMPI UND KAROTTEN-KORIANDER-SALAT

Das Eisbein mit allen Zutaten ca. 2 Stunden lang kochen lassen. Abkühlen lassen, Knochen und Knorpel entfernen. Die Haut ebenfalls vorsichtig lösen. Nun das Eisbeinfleisch und die Haut in Form pressen und für mindestens 2 Stunden kaltstellen.

Die Graupen in Salzwasser ca. 20 Minuten kochen und anschließend gründlich abwaschen. Alle weiteren Zutaten mit den Graupen verrühren, abschmecken und warmstellen.

Für den Karotten-Koriander-Salat die Karotten kurz in Salzwasser blanchieren und in kaltem Wasser abschrecken. Traubenkernöl, Champagneressig, Honig, Salz und Pfeffer vermengen, dann die Karotten und den Koriander zugeben und mischen.

Olivenöl in einer Pfanne erhitzen. Scampi in die heiße Pfanne geben und kurz durchschwenken. Mit dem Meersalz und der gehackten Petersilie abschmecken.

Eisbein ca. 1,5 cm dick aufschneiden und auf die Teller verteilen. Mit der Graupenvinaigrette bedecken. In die Mitte den Karotten-Koriander-Salat verteilen, auf den Salat die Scampi legen. Mit Balsamessigreduktion und einem Korianderblatt dekorieren.

Zutaten für 4 Personen

Eisbein-Scheiben
1 Eisbein
2 Lorbeerblätter
5 Pfefferkörner
1 Zwiebel
Salz

Graupenvinaigrette
100 g Graupen fein
30 g Pinienkerne, geröstet
30 ml Eisbeinfond
Schnittlauch
Balsamessig
Olivenöl
Salz, Pfeffer

Karotten-Koriander-Salat
200 g Karotten,
in Julienne geschnitten
Koriander, gehackt
Honig
Traubenkernöl
Champagneressig
Salz

Scampi
2 Scampi pro Person
Olivenöl
Petersilie, gehackt
Meersalz

Eisbein

GEFÜLLTER BACHSAIBLING
MIT BASILIKUMÖL, OFENTOMATEN UND ZITRONENRISOTTO

Zutaten für 4 Personen

Bachsaibling
2 Bachsaiblinge
feine Brunoise, gedünstet und abgeschmeckt aus:
- 1/2 Stange Lauch
- 2 Schalotten
- 1 Knoblauchzehe
- 1 Möhre, ca. 50 g
- 1 Stück Sellerie, ca. 50 g

12 Schnittlauchhalme
80 g Butter
150 ml trockener Weißwein
Meersalz und Pfeffer aus der Mühle

Basilikumöl
100 g Basilikum
50 ml Olivenöl
1 Prise Salz

Die Saiblinge ausnehmen und waschen, filetieren, Gräten zupfen und die Haut entfernen. Ein Saiblingsfilet mit der Innenseite nach oben auf die Arbeitsfläche legen, mit der Gemüsebrunoise füllen und mit einem weiteren Filet bedecken. Mit den Schnittlauchhalmen ca. 6 Mal binden und kleine Schleifchen formen. Anschließend die gefüllten Filets auf Portionsgröße teilen und auf ein gebuttertes Backblech legen. Etwas Weißwein angießen und mit ein paar Butterflöckchen belegen. Mit Aluminiumfolie bedecken und ca. 12 Minuten in den auf 170°C vorgeheizten Back-ofen schieben. Dann die Filets aus dem Rohr nehmen mit Meersalz und Pfeffer würzen.

Tipp: *Blanchieren Sie die Schnittlauchhalme in kochendem Wasser, schrecken Sie sie in kaltem Wasser ab und legen Sie sie trocken: Dadurch werden sie elastisch und lassen sich einfach binden.*

Für das Basilikumöl Basilikum, Olivenöl und Salz mit dem Mixstab oder im Mixer fein pürieren.

Bachsaibling

Für die Ofentomaten ein Backblech mit Olivenöl einpinseln, Thymian, Rosmarin, Basilikum und Knoblauch darauf verteilen. Die Strauchtomaten auflegen, salzen und pfeffern und bei 80°C im Backofen 8 Stunden backen.

Für den Zitronenrisotto Schalotten in der Butter kurz andünsten, den Reis hinzufügen und glasig schwitzen. Mit Weißwein ablöschen und das Lorbeerblatt und den Safran dazugeben. Mit dem heißen Fond nach und nach aufgießen, dabei immer wieder umrühren, damit der Risotto nicht ansetzt. Wenn der Reis gar, aber nicht zu weich ist (nach ca. 20 Minuten), mit Salz und Pfeffer abschmecken und Parmesan und Mascarpone unterrühren. Den Risotto noch etwa 5 Minuten an einem warmen Platz ruhen lassen.

Den Zitronenrisotto auf vorgewärmte Teller verteilen und die gefüllten Bachsaiblinge obenauf platzieren. Mit 4 bis 5 Ofentomaten umlegen und das Basilikumöl darauf verteilen.

Ofentomaten
ca. 20 Oliven-Strauchtomaten
Olivenöl
Rosmarin, Thymian, Basilikum
Knoblauch in Scheiben
Meersalz, Pfeffer

Zitronenrisotto
120 g Carnerolireis
1/2 in Salz eingelegte Zitrone, auf kleine Würfel geschnitten
60 ml Weißwein
1 Lorbeerblatt
500 ml Geflügel- oder Fischfond (je nach Beilage)
30 g frisch geriebener Parmesan
20 g Mascarpone
2 EL Frühlingslauch, auf Ringe geschnitten
Safranfäden
Salz, Pfeffer

VARIATIONEN VOM APFEL

Zutaten für 4 Personen

Apfeltarte
1 Cox Orange
150 g Blätterteig
50 g Zucker
50 g Butter

Apfelsorbet
370 g Granny Smith, mit Schale gewürfelt
300 ml Apfelsaft
60 g Zucker
30 g Glukose
20 ml Zitronensaft

Apfel-Grenadine-Gelee
2 Äpfel in Würfel
150 ml Weißwein
150 ml Grenadine
Zitronensaft
3 Blatt Gelatine

Rahm-Mousse
200 g Sauerrahm
Saft von 1 Zitrone
150 ml Sahne
70 g Staubzucker
2 Blatt Gelatine
10 ml Grand Marnier

Für die Apfeltarte den Zucker zu Karamell schmelzen und mit der Butter verrühren. Kleine flache Backförmchen damit ausgießen. Den Apfel in Scheiben schneiden und auf den Karamell legen. Anschließend den Blätterteig ausrollen und auf die Apfelscheiben legen. Im Ofen bei ca. 200°C 20 Minuten backen. Danach von oben mit einem Gewicht leicht andrücken und nach 5 Minuten stürzen.

Für das Apfelsorbet Apfelsaft mit Zucker und Glukose aufkochen, dann alles im Mixer pürieren und in die Eismaschine geben.

Für das Apfel-Grenadine-Gelee Äpfel schälen, vierteln, entkernen und in 5 mm dicke Stücke schneiden. Wein, Grenadine, Zitronensaft und Äpfel einmal aufkochen lassen und die ausgedrückte Gelatine auflösen. Äpfel mit dem Fond gut bedeckt über Nacht kühlstellen.

Für die Rahm-Mousse Sauerrahm, Staubzucker, Zitronensaft und Grand Marnier verrühren. Die ausgedrückte Gelatine in etwas erwärmter Masse auflösen. Zum Schluss geschlagene Sahne unterheben.

Apfelvariationen

Für die Apfel-Espuma ausgedrückte Gelatine in etwas erwärmtem Apfelmark auflösen. Das übrige Apfelmark und die Schlagsahne unterrühren. Mit Apfelbrand aromatisieren und in den Sahnesiphon füllen. Die Druckluftkapsel aufschrauben und kräftig schütteln.

In Gläsern: Die Rahm-Mousse auf das gelierte Apfel-Grenadine-Gelee füllen. Wiederum kühlstellen. Kurz vor dem Servieren die Apfel-Espuma als dritte Schicht aufdressieren. Mit einer Apfelspalte garnieren.

Apfel-Espuma aus dem Sahnesiphon
400 g Apfelmark
100 ml Schlagsahne
3 Blatt Gelatine
20 ml Apfelbrand

DUIJN
2003
SPÄTBURGUNDER
BADEN
SD
415
415
416

Günter Allmann
Ballebäuschen
Hasseler Straße 10
51580 Reichshof
Telefon: 0 22 65 93 94
www.ballebaeuschen.de

Ulrich Heldmann
Concordia Heldmann´s Restaurant
Brüderstraße 56
42853 Remscheid
Telefon: 0 21 91 29 19 41

Ernst Brusberg
Galerie Palette
Sedanstraße 68
42281 Wuppertal
Telefon: 02 02 50 62 81
www.galeriepalette.de

Nils Henkel
Restaurant Dieter Müller
Schlosshotel Lerbach
Lerbacher Weg
51465 Bergisch Gladbach
Telefon: 0 22 02 20 40
www.schlosshotel-lerbach.com

Tino Burk
Restaurant Schützenhaus
Schützenplatz 1
42853 Remscheid
Telefon: 0 21 91 71 09 0
www.schuetzenhaus-rs.de

Alexander Klaas und Paul Clemens
Klosterschänke in der Klosterkirche
Klostergasse 8
24897 Remscheid
Telefon: 0 21 91 66 63 26

Dirk Eggers
Hotel & Restaurant Eggers
Hauptstraße 78
45549 Sprockhövel
Telefon: 0 23 24 71 78 0
www.hotel-restaurant-eggers.de

Gregor Marx
Alter Speicher
Uferstraße 49-51
42699 Solingen
Telefon: 02 12 26 41 28 8
www.alterspeicher.com

Christian Potthoff
Christians Gasthaus
zur Neyetalsperre
Großblumberg 3
51688 Wipperfürth
Telefon: 0 22 67 82 66 6

Thomas Semmler
Haus Kleineichen
Bevertalstraße 44
42499 Hückeswagen
Telefon: 0 21 92 43 75

Lutz Schmand
Restaurant Am Husar
Jägerhofstraße 2
42119 Wuppertal
Telefon: 02 02 42 48 28
www.restaurant-am-husar.de

Thorsten Steinhaus
Restaurant Globusmann
Konrad-Adenauer-Straße 72-74
42651 Solingen
Telefon: 02 12 28 01 74
www.globusmann.com

Wolfgang Schmitz
Schmitz Jägerhaus
Jägerhaus 87
42287 Wuppertal
Telefon: 02 02 46 46 02
www.schmitz-jaegerhaus.de

Sascha Stemberg
Haus Stemberg Anno 1864
Kuhlendahler Straße 295
42553 Velbert
Telefon: 0 20 53 56 49
www.haus-stemberg.de

Bernd Selbach
Sülztaler Hof
Lindlarer Straße 83
51491 Overath
Telefon: 0 22 04 97 50 0
www.suelztaler-hof.de

Christopher und Alejandro Wilbrand
Hotel Restaurant zur Post
Altenberger Domstraße 23
51519 Odenthal
Telefon: 0 22 02 97 77 80
www.hotel-restaurant-zur-post.de

Restaurantadressen

Hattingen
Restaurant Eggers
Sprockhövel
Ennep
Velbert
Schwelm
Haus Stemberg
Galerie Palette
Ratingen
Wuppertal
Am Husar
Schmitz Jägerhau
Mettman
Schützenhaus
Remscheid
Klosterschänke
Globusmann
Concordia
Hückeswag
Solingen
Alter Speicher
Langenfeld
Altenberg
Zur Post
Odenthal
Bechen
Bergisch Gladbach
Schloss Lerbach
Overrath
N
O
W
S

nwald
Halver
s Kleineichen
Christians Gasthaus
Wipperführth
Marienheide
Bergneustadt
Lindlar
Gummersbach
Ballebäuschen
ler Hof
Morsbach
Waldbröl

Die Entstehung dieses Kochbuchs war sehr interessant und sehr spannend! Alle Beteiligten – vor allem aber die Köche – haben mit ihrer Arbeit, ihrer Kreativität und ihrer Begeisterung für die Idee, der regionalen Küche ein neues Gesicht zu geben, zum Gelingen dieses Buches beigetragen. Für ihre Zeit und ihre Mühe ein herzliches Dankeschön!

Dankeschön!